# 农村社会工作服务范式

## 一线案例及点评

广州市大德社会工作服务中心　编

暨南大学出版社
JINAN UNIVERSITY PRESS

图书在版编目（CIP）数据

农村社会工作服务范式：一线案例及点评／广州市大德社会工作
服务中心编．—广州：暨南大学出版社，2021.11
ISBN 978 - 7 - 5668 - 2997 - 9

Ⅰ．①农…　Ⅱ．①广…　Ⅲ．①农村—社会工作—案例—中国
Ⅳ．①F323.89

中国版本图书馆 CIP 数据核字（2020）第 193180 号

农村社会工作服务范式：一线案例及点评
NONGCUN SHEHUI GONGZUO FUWU FANSHI：YIXIAN ANLI JI DIANPING
编　者：广州市大德社会工作服务中心

......................................................................................................

出 版 人：张晋升
责任编辑：古碧卡　姚晓莉
责任校对：周海燕　黄晓佳
责任印制：汤慧君　周一丹

出版发行：暨南大学出版社（510630）
电　　话：总编室（8620）85221601
　　　　　营销部（8620）85225284　85228291　85228292　85226712
传　　真：（8620）85221583（办公室）　85223774（营销部）
网　　址：http：//www.jnupress.com
排　　版：广州尚文数码科技有限公司
印　　刷：佛山市浩文彩色印刷有限公司
开　　本：787mm×1092mm　1/16
印　　张：13.25
字　　数：282 千
版　　次：2021 年 11 月第 1 版
印　　次：2021 年 11 月第 1 次
定　　价：59.80 元

（暨大版图书如有印装质量问题，请与出版社总编室联系调换）

# 序

2018 年 9 月，中共中央、国务院印发《乡村振兴战略规划（2018—2022年)》（以下简称《规划》）。这是我国出台的第一个乡村振兴战略五年规划。《规划》指出全面建成小康社会和全面建设社会主义现代化强国，最艰巨最繁重的任务在农村；最广泛最深厚的基础在农村；最大的潜力和后劲也在农村。实施乡村振兴战略，是解决新时代我国社会主要矛盾、实现"两个一百年"奋斗目标和中华民族伟大复兴中国梦的必然要求，具有重大现实意义和深远历史意义。《规划》立足于乡村的产业、生态、文化等资源，而其中乡风文明建设自然成了建设新乡村的一大重点。《规划》中提到，通过引入社会工作专业人才和志愿者等方式，为农村留守儿童和妇女、老年人以及困境儿童提供关爱服务；大力培育服务性、公益性、互助性农村社会组织，积极发展农村社会工作和志愿服务。

增城区、从化区位于广州市东北部，以农村社区及城乡接合部为主，随着经济快速发展和城市急遽扩张，两区尤其是增城区近年经济发展迅猛，吸引了大量外来务工人员到此务工和生活，而大量的农村征地拆迁补偿后，本地农民纷纷洗脚上田，青壮年收租度日或者外出打工，农村留守儿童、留守妇女和留守老人的问题日渐突出。相对于之前的经济收入，不菲的征地补偿款导致部分农民产生懈怠心理，放弃二次就业，盲目挥霍，甚至染上黄赌毒恶习。另外，增城、从化两区都保留有自然风光和农业资源十分丰富的农村社区，如何针对这样的农村地区因地制宜地开展社区治理，参与扶贫攻坚，建设美丽乡村，是进驻的社工机构需要深度思考的问题。

广州市大德社会工作服务中心（以下简称大德）立足增城、从化两区农村社区，扎根镇街因地制宜地开展农村社会工作服务，以"农村社区治理与倡导"为核心品牌，坚持党建引领和专业社工服务，韧性推动多方联动和资源整合，提供综合农村社会服务，包括促进农村困难群体的发展，解决农村社区突出问题，培育农村社区社会组织，传承及活化农村文化等，积极响应国家打赢脱贫攻坚战及乡村振兴战略规划，推动本地区农村的综合发展。

大德积极发挥党支部堡垒作用和党员社工先锋模范作用，并以支部为核心，通过有机联结辖内其他党组织聚集党建资源，激发辖内党组织志愿服务力量，探索"社工党员＋党员志愿者联村居、联企业、联学校、联社会组织"及"安心、安责、安家"流动党员"三安"工作机制，创设共建共治共享基层党建新格局，党员先锋作用和党建固本培基作用发挥良好，通过多种形式的服务群众活动树立了党员在广大人民群众中的良好形象。

大德深耕农村和城乡接合部，以农村社区治理作为品牌发展方向，结合农村社区的不同需求，从龙新村社区营造项目开始延伸，开展星凤凰展翅、兴新乡村振兴计划、三星村社区营造、石滩镇红色文化营造等多个品牌项目；并努力拓展专项服务，迅速在来穗人员服务、外来务工人员服务、养老服务、信访服务、禁毒服务等专项服务上形成品牌，服务从困境群体到社区治理再到社会稳定成体系发展，社会倡导也形成良好效应。尤其在今春以来深入持续的防疫抗疫大战中，大德社工协助政府创造性开展村居一线公共卫生防灾减灾及社区治理服务，"成为社区联防联控最佳助攻"，"党员社工成为社区抗疫中的'硬核'力量"（人民日报客户端报道语）。

经过多年扎根服务，大德社工结合农村社区实际、党建引领、社工专业服务与伦理价值，在诸多服务领域的探索中形成了较为丰富的实践经验和实务案例。以星凤凰展翅项目为例，在征地拆迁和三旧改造后，增城区朱村街农村社区的不少妇女因失地在家染上了赌博等不良嗜好，衍生出家庭矛盾、亲子关系紧张、经济困难等新的问题。针对朱村街农村妇女普遍学历较低、缺乏就业技能、因照顾家庭就业时间受限等实际困难，大德策划了星凤凰展翅农村妇女就业帮扶服务项目，从丰富闲暇生活、增强支持网络、提升就业技能、培育互助组织、搭建创业平台等方面入手，通过赋能增能，激发内生动力，推进开发式扶贫，逐步引导农村妇女成为自主发展的主体，使得更多失业妇女获得帮助，助力精准扶贫。目前项目成员共开发手工产品100多种，社工组织项目成员进行网站工商注册，售卖手工艺品，从而达到助人自助的目的。妇女阿玉由此前的日常生活主要是打麻将成长为项目骨干和大德四星志愿者，还带领6岁的女儿探访孤寡老人，一起做志愿服务，充分展现了星凤凰展翅项目对个人、家庭、社会的正向作用。

在历年的韧性服务中，大德社工持续提供有温度、有深度、有高度的农村社会工作实践，产生了良好的共振效应。

服务群众有温度：在农村及城乡接合部社区，长者、妇女、儿童、青少年、外来务工人员……每个人群都有不同的特征及需求，社工立足社区，分层分类按需提供精准服务，让群众感受到生活处处有爱的温度。

服务策略有深度：不同的农村社区有不同的特色，社工根据在地特色设计不同的服务方案，开展针对性、个别化的服务策略。

服务思想有高度：大德社工以党建为引领，全面促动"一个党员一面旗"先锋作用发挥，发展党员志愿者一千名，开展党员结对困境群众、党员服务社区系列服务，组织党员防疫抗疫志愿服务突击队，联动社工深入一线为困境群众解困纾难，提升了服务理念的高度。

通过梳理农村社会工作实践中的实务经验及优秀成果，大德希望为社工行业的发展提供一定的借鉴和参考，由此有了本书——《农村社会工作服务范式：一线案例及点评》。书中汇编了大德社工28篇经典案例，记载了一线社会工作者在农村场域开展的专业服务，覆盖党建、家庭、青少年、长者、外来务工人员、禁毒、信访、社区治理、社区发展、公共卫生共10个领域的服务，所有案例都有权威或行业资深专家、督导点评，以期为农村社会工作提供深度经验借鉴。

是为序。

谢建社

2020 年 6 月 1 日于羊城

# 目　录

党建引领篇

# 打造流动党员"三安"工程
## ——GW 街流动党支部建设实践

孔令燕

如何促进外来务工人员融入城市，在包罗万象的都市中找到归属感，是广州这座现代化大都市面临的现实话题之一，也是社会工作服务重点关注的课题之一。近年来，许多社工机构纷纷尝试为来穗人员提供多样的融入服务。

在诸多社工机构中，广州市大德社会工作服务中心（以下简称大德）的外来务工人员专业服务可谓与时俱进，独具特色。2014 年，大德在广州落地，其服务外来务工人员的历程由此开启。从 1.0 版家综外来工领域的"新广人社区融入"项目到 3.0 版党建引领来穗服务的"三安"工程，大德紧随时势，深耕细作、辛勤付出。如今，"三安"工程是大德人引以为傲的匠心之作，外来务工人员服务已成为大德的新名片。

"三安"工程缘起于 2016 年底大德在广州市 GW 街开展的来穗人员及其家庭社工服务。而后，《关于加强和改进流动党员管理工作的意见》为"三安"工程的发展提供了契机，2017 年 5 月 12 日，大德在 GW 街党工委的指导和支持下成立了 GW 街来穗人员服务管理中心党支部，以党支部为核心，构建以"安家、安心、安责"为主要内容的流动党员"三安"工程，开启 3.0 版党建引领来穗服务。

## 安家

大德根据流动党员的实际需求，协助成立 GW 街来穗人员服务管理中心党支部，打造其在广州的"家"。

面对来穗人员中的党员绝大多数成为从不或极少参与党组织生活的"政治边缘人"的窘境，党支部成立之初，通过家访、电访等形式对出租屋中的 239 名流动党员进行了一一摸底，建立健全流动党员档案。此外，党支部建成后，每月通过定期组织党员集中学习、外出参观交流、党史知识竞赛、志愿服务等创新"三会一课"内容，让"三会一课"制度化、常态化，促使流动党员组织生活正常化、规范化。

链接高校企业资源，实施支部共建。党支部成立后，先后与华南理工大学艺术学院研究生党支部、广州海之光通信技术股份有限公司党支部开展共建，协同举办艺术观摩、公益培训、志愿服务等党建交流及服务活动，借助共建平台提升来穗人员服务管理中心党支部建设水平，激发党组织和党员队伍活力，全面提升GW街来穗人员流动党员及其家庭的素质。

## 安心

搭建流动党员服务平台，利用各种渠道积极解决流动党员的生活困难，使其安心。

开启党建"1+1+1"新格局。"1+1+1"党建即以党支部为平台，通过"政府+党员+企事业单位+社工+志愿者"五联五建多方联动模式，将GW街来穗人员服务管理中心党支部建设和暑期公益夏令营特色项目相结合，为来穗子女（其中一定比例是流动党员子女）提供全托暑期夏令营服务，破解来穗人员（含党员）子女假期在家无人照顾的困境。公益夏令营、冬令营活动季季爆满，共计3 880人次流动儿童在这里学习绘画、朗诵、歌舞、琴艺和手工制作，放飞诗意和梦想。光明网、番禺电视台、《番禺日报》纷纷报道，社会反响良好。

此外，大德还协助党支部为来穗人员制作了志愿服务"菜单"，来穗人员可根据自己的时间自助"点菜"，这些"菜"中不乏来穗人员入户、子女入学等大家关注的话题。

提供"点菜"服务之余，党支部还设置图书室，促进流动党员快速成长，积极融入社区。如：来穗人员之家设置彩虹书屋，一部分书籍由社区居民共享，另一部分书籍由各企事业单位捐赠，来穗人员可登记借阅。

## 安责

根据流动党员实际情况和个人所长，大德帮助党支部建立志愿服务供给对接服务机制，探索成立流动党员专业志愿服务队和普通志愿服务队，不断发挥流动党员的积极性、能动性、责任性和创造性，助其找到归属感。

发挥党员模范作用，维护社区稳定。大德协助支部党员志愿者深入村居开展来穗人员探访、慰问活动，为大病单亲家庭、困难家庭送笔记本电脑、慰问金、生活用品等，2017—2020年，共探访及慰问301户来穗人员家庭，协助29户来穗家庭子女成功积分入学。同时，大德协助党支部及时跟进社区内上访者、流浪者、家暴者、有暴力倾向的精神残障者，积极主动、专业有效地解决其现实困难，促进社区和谐稳定。

发掘党员专长，促进党群融合。根据党员所长组建志愿者团队服务来穗人员，拉近党群关系，促进党群融合。在新型冠状病毒感染的肺炎疫情防控期间，党支部广泛动员、组织、凝聚党员力量，组建疫情防控党员突击队、暖心服务队。由 8 名来穗党员组建的突击队冲锋在前，深入一线参与防控工作，积极分布在防控知识宣传、维护稳定、体温测量、业务办理指引、人员疏导等工作岗位上。由 13 名来穗党员组建的暖心服务队通过自愿认领、自愿捐赠等形式在防控期间共捐赠了 4 736.7 元，为 GW 街湖北籍来穗居家隔离人员购买生活物资，送上暖心包，还上门探望留观人员，助其消除恐慌心理，共服务来穗人员 544 人次。

## 成效与启示

多元精准化服务满足党员群众对美好生活的需求。GW 街来穗人员服务管理中心党支部与来穗项目相结合开展系列来穗群众服务，密切党员与群众的关系。在个体层面，积极拓展来穗人员乐·学堂公共服务课程培训，如粤语学习课堂、政策小讲堂、英语学习坊、美食工作坊、名著分享记、月嫂班和兴趣创业班等服务，打破融入屏障，提升人文素养；在家庭层面，开展乐·成长随迁子女教育，针对流动儿童开展彩虹书屋，特色夏令营、冬令营，小星星 430 课堂，亲子互助成长俱乐部等板块服务，促进流动儿童、来穗家庭成长、融入；在社区层面，开展乐·参与公共文化服务活动，发挥党员特长，成立党员志愿者团队，提升党员政治参与度和社区参与度。

五联五建多方联动模式聚集多方力量深化服务。党支部在建设和服务过程中，整合政府、企业、高校及社会组织力量，筹措更多社区资源惠及来穗人员，真正实现服务成果共享。党支部流动儿童服务项目主导的"政府＋党员＋社工＋高校＋企业"五联五建多方联动模式，就是最好的证明。

## 点评：

从安家、安心到安责，思路正确。大德根据流动党员的实际需求，协助成立 GW 街来穗人员服务管理中心党支部，打造其在广州的"家"。党支部成立之初，通过家访、电访等形式对出租屋中的 239 名流动党员进行一一摸底，建立健全流动党员档案，定期组织党员开展"三会一课"。"家"是最重要的，有组织就有家。但安家并非目的，还要安心、安责。党支部利用各种渠道积极解决流动党员的生活困难，使其安心。有了家，又解决了后顾之忧，党员的作用就能够得到很好的发挥，党支部也就可以将工作的重点落在充分发挥党员的先锋模范作用上。

党建工作思路明确，抓住了重点，在学习型、教育型、服务型党组织建设上有一定创新。如果有更生动具体的流动党员发挥个人先锋模范作用（安责）的例子会更有说服力。

（广东白云学院党委副书记兼督导专员　易刚）

# 创建 12345 模式　党建引领出实招

### 蓝　花　关汝珊

　　党建引领，就是要统一思想认识，让基层党组织成为凝聚党员群众的"主心骨"；党建引领，就是要示范带动，让党员干部成为促推社会发展的"领头羊"；党建引领，就是要动员群众，让各界力量成为参与共建共治的"生力军"。

　　YN 街社工服务站在党建引领核心服务中创建了 12345 模式：一个"中心"，两个"提高"，三个"树立"，四个"切合"和五个"坚持"，即以社工站服务对象为中心；提高专业服务质量、提高社区居民共建共治参与度；树立党领导一切意识、树立向党中央看齐意识、树立党建带团建意识；切合街道党工委的要求、切合社区的需求、切合社区弱势群体的诉求、切合社区资源的实际情况；坚持街道党工委的领导、坚持党建引领社会工作服务、坚持社工站党小组阵地建设、坚持与街道群团组织联动、坚持与基层党组织共建。

## 一、一个"中心"、两个"提高"

　　社工站一直坚持以服务对象为中心。党小组自成立以来，除了自身建设外，还认真带领社工站全体员工开展每月一次的主题党日活动和每周一次的红色教育小组学习，认真学习党章党规和系列讲话，学习社工服务专业知识，关心时事热点，分享服务经验和心得，用理论和知识武装头脑，指导工作，用实践经验丰富理论体系，检验实践成效。以服务对象为中心体现在时刻关注社区居民的需要，尤其是困境人群的需要，以解决困境人群、求助居民的问题为目标，策划开展满足社区居民需求的服务活动。

　　党员社工积极参与社工站主管会议和员工培训。坚持做到在党建引领作用下，切实把习近平新时代中国特色社会主义思想贯彻到社工服务中去，每周安排学习小组，学习专业知识，提高专业服务技能。坚持做到在党建引领作用下，用习近平新时代中国特色社会主义思想武装头脑、指导实践，组织开展符合社区居民需求、有趣、有意义且能吸引社区居民参与的服务活动，提高服务质量。

## 二、三个"树立"、四个"切合"

三个"树立"指树立党领导一切意识、树立向党中央看齐意识、树立党建带团建意识。树立党领导一切的意识是指，社工坚决拥护党的领导，坚决贯彻党的要求，以社工站的服务平台贯彻落实党对民生的服务。树立向党中央看齐的意识是指，社工以党中央的要求和标准来要求社工站的思想意识和服务行动，将社工站作为党和政府服务群众的形象窗口。树立党建带团建的意识是指，借助社工站的青少年服务平台紧密联系青少年，培养他们的爱国情怀，引导他们树立正确的人生观、价值观，向党靠拢。

四个"切合"指切合街道党工委的要求、切合社区的需求、切合社区弱势群体的诉求、切合社区资源的实际情况。社工站在深入社区开展服务的同时大力向人民群众宣传党的知识、弘扬党的光辉形象，坚持落实好党建带团建工作。在组织服务之前，必须对社区情况进行调研，根据社区资源的实际情况为社区居民作最大限度的服务。

## 三、五个"坚持"

社工站坚持街道党工委的领导、坚持党建引领社会工作服务、坚持社工站党小组阵地建设、坚持与街道群团组织联动、坚持与基层党组织共建。

### 1. 坚持街道党工委的领导

社工站由非营利机构即社会组织承接运营，作为街道服务延伸手臂的社工站是街道党工委关注民生实事的服务窗口之一，坚持街道党工委的领导，确保了社工站开展社会福利活动的方向性，也保障了社工站的党建引领服务充分落到实处。

### 2. 坚持党建引领社会工作服务

党组织发挥了政治上的引领作用，指引了社会工作的前进方向，提供了社工实践的理论基础。社工站结合社区实际，积极开展党建引领志愿服务。除了开展以家庭为服务对象的"党建引领促和谐，幸福家庭笑开颜"主题实践活动外，社工站还充分发挥党建引领志愿服务的作用，联合辖区志愿者队伍及社工站志愿者团队，开展"党建引领志愿行，爱岗敬业乐奉献"主题实践活动。

### 3. 坚持社工站党小组阵地建设

党小组是党支部的重要组成部分，是做好党支部工作的基础。充分发挥党小组的作用，对于发挥党员的先锋模范作用和党支部的战斗堡垒作用有着直接的影响。为进一步加强党小组建设，YN街社工服务站党小组在认真履行党小组工作职责，严格遵守党小组会议制度的同时，试行党员积分管理制度，做到用制度管权、按制度办事、靠制度管人。坚持每月召开一次党小组会议，学习党章党规、系列讲话，定期自查自纠、自我批评，知行合一做合格党员。

**4. 坚持与街道群团组织联动**

社工站在社区开展服务过程中，了解到社区儿童的情况，根据社区家长的需求，与妇联合作到各村居举办"护童成长"活动。活动得到多个村委党支部书记的认可和赞许，社工服务也深受村民们的欢迎，村民们都表示活动十分有意义，希望类似活动能多举办。毛主席曾说青少年就像早上八九点钟的太阳，希望寄托在他们身上。青少年的健康成长对国家繁荣和社会稳定起着重要作用。YN街社工站与团委达成共识，多次合作举办青少年安全预防活动和青少年心理健康活动，保障青少年健康快乐成长，增强青少年安全防范意识和心理应压能力，得到参与者的一致好评。

**5. 坚持与基层党组织共建**

社工站结合社区实际，与基层党组织探讨服务合作，目前已与F村村委会和N社区支部委员会等5个合作方签订了党建引领构建"共建共治共享社区"合作协议。其中，与F村合作活动达11次，服务对象达511人次；与N社区合作活动达17次，服务对象达1 093人次。

党建引领强服务，砥砺前行谱新章。社工站在党建引领作用下，将党知识宣传、禁毒宣传和垃圾分类宣传等融入服务当中，丰富了社区服务内容；坚持党的基本路线，坚持群众路线，坚持对党负责与对人民负责的一致性，以实际行动践行党的宗旨，提升了社区服务水平。社工站在党建引领作用下，将不忘初心，不怕困难，不惧磨炼，谱写YN街社区服务新华章！

## 点评：

12345模式即一个"中心"，两个"提高"，三个"树立"，四个"切合"和五个"坚持"，也就是以社工站服务对象为中心；提高专业服务质量、提高社区居民共建共治参与度；树立党领导一切意识、树立向党中央看齐意识、树立党建带团建意识；切合街道党工委的要求、切合社区的需求、切合社区弱势群体的诉求、切合社区资源的实际情况；坚持街道党工委的领导、坚持党建引领社会工作服务、坚持社工站党小组阵地建设、坚持与街道群团组织联动、坚持与基层党组织共建。

工作目标明确，内容丰富，也做了大量卓有成效的工作，特别是在宣传、教育和活动方面付出不少劳动，具有社会工作特色。

（广东白云学院党委副书记兼督导专员　易刚）

家 庭 篇

# "Yes，I Can!" 专注力提升小组

钟锦友

## 一、服务背景

社工在前期开展社区活动及小组活动的时候，收到学生家长的反馈，孩子在家做作业总是注意力不集中，缺乏耐心，导致学习上不能专心，不能主动学习，造成学习成绩下降；在行为上不能自控，不服管束，被人歧视；出现厌学、自卑情绪，亲子关系紧张等问题。居民希望社工能够开展一些关于提升注意力的活动，社工组织了专注力提升小组，旨在通过游戏与学习相结合的方式，在潜移默化中帮助孩子提高注意力。

## 二、理论依据

经验学习理论，亦称体验式学习理论。大卫·库伯认为经验学习过程是由四个适应性学习阶段构成的环形结构，包括具体经验、反思性观察、抽象概念化、主动实践。理论的核心理念：一是以学习者为主体，激发学习者的体验尝试、反思总结以及行动实践；二是注重"当事人"的行为、感受、启发、收获；三是从实践中来，到实践中去。

根据经验学习理论，社工可借助游戏、情景模拟与体验式方法，让组员在参与中经历"亲身体验、观察反省、总结领会、积极尝试"四个阶段。经验学习是指学习那些从经验中获得的结果和知识，其实质是通过"做"进行学习，而不是通过别人说或自己阅读来学习知识，以此让组员在体验中学到如何提升专注力。

## 三、服务目标

（1）80%的组员增加对专注力重要性的认识。
（2）80%的组员学习到至少一种提高专注力的方法。

## 四、服务计划

**第一次小组活动：认识你我他**
目标：①组员之间互相认识；②制定小组契约；③通过手工制作及注意力测试，形成小组。

| 主题 | 具体内容 | 所需时间 | 准备物资 |
|---|---|---|---|
| 相互认识 | 1. 社工自我介绍、讲述本次小组活动的内容及目的，运用"萝卜快跑"游戏让组员自我介绍。游戏规则：音乐响起组员传递萝卜笔，音乐停止后，萝卜笔在谁手上，谁就要自我介绍——我叫××× ×，现在读×年级，我的爱好/特长×××<br>2. 破冰游戏（找变化）：加深组员间的熟悉度、测试组员的注意力情况。游戏规则：抽取一位组员A走出室外，室内的组员互换位置，A重新回到室内指出位置发生变化的组员（需要说出位置发生变化的组员的姓名及爱好） | 15分钟 | 背景音乐 |
| 小组约定 | 为了让小组活动更加顺利地进行，社工向组员介绍本次小组活动的内容及目的；社工与组员共同讨论制定小组的约定，并制作契约树 | 10分钟 | 纸、笔 |
| 手工+测试环节 | 1. 目的：初步了解组员们的专注力情况<br>2. 手工制作（垃圾桶），制作成品、制作步骤说明<br>3. 舒尔特方格通关测试（社工为每位组员计算完成的时间） | 25分钟 | 纸、剪刀、舒尔特方格测试题、笔 |
| 本次小组活动小结和下次小组活动预告 | 社工总结本次小组活动的内容及组员们的表现+组员分享（自愿为原则）+社工预告下次小组活动的时间及内容 | 10分钟 | |

**第二次小组活动：专注的艺术**

目标：①加深组员对小组的熟悉；②通过游戏互动和手工制作训练组员注意力。

| 主题 | 具体内容 | 所需时间 | 准备物资 |
|------|---------|---------|---------|
| 上次小组活动回顾和本次小组活动介绍 | 社工引导小组组员回顾上次小组活动的内容，介绍本次小组活动的目标及内容 | 10分钟 | 背景音乐 |
| 互动游戏（捉虫虫） | 1.目的：加深组员间的熟悉度，训练注意力<br>2.游戏规则：组员站立围成一圈，每人向左右伸出手，左手握拳竖起拇指，右手拇指、食指连成一个圆圈，套在右方组员的拇指上；主持人诵读一篇文章，当文章出现某一特定字眼（如"一"）时，右手要快速捉住右方组员的拇指，左手则要避免被人捉；捉得最多"虫虫"者得胜 | 10分钟 | 背景音乐 |
| 手工制作（豆子画） | 1.目的：训练组员的想象力及专注力<br>2.社工展示成品，并讲解制作步骤。做法：首先在卡纸上画出鱼、花、鸟等简单图案；然后选择色彩、大小合适的豆子，用牙签蘸上白胶，粘在卡纸上的图案处；晾干后，美丽的豆子画就做好了 | 30分钟 | 各种颜色的种子，卡纸、白胶、牙签 |
| 本次小组活动小结和下次小组活动预告 | 社工总结本次小组活动的内容及组员们的表现＋组员分享（以自愿为原则）＋社工预告下次小组活动的时间及内容 | 10分钟 | |

**第三次小组活动：专注小工匠**

目标：①组员融入小组；②训练组员注意力。

| 主题 | 具体内容 | 所需时间 | 准备物资 |
|---|---|---|---|
| 上次小组活动回顾和本次小组活动介绍 | 社工引导小组组员回顾上次小组活动的内容，介绍本次小组活动的目标及内容 | 10分钟 | 背景音乐 |
| 互动游戏（拍拍手） | 1. 目的：训练组员的反应力和专注力<br>2. 游戏规则：社工随机说出水果、动物的名字，组员听到动物名字的时候拍一下手，听到水果名字的时候就拍两下手；拍错的要受到惩罚（惩罚规则由组员商定） | 10分钟 | 图片、笔 |
| 手工制作（木房子） | 组员抽签，抽到同一数字的组员为一组，按照制作说明书，一同在规定的时间内完成手工房子的制作 | 30分钟 | 手工材料 |
| 本次小组活动小结和下次小组活动预告 | 社工总结本次小组活动的内容及组员们的表现＋组员分享（自愿为原则）＋社工预告下次小组活动的时间及内容 | 10分钟 | |

**第四次小组活动：专注圆梦树**

目标：①组员互动，彼此认同；②训练组员注意力。

| 主题 | 具体内容 | 所需时间 | 准备物资 |
|---|---|---|---|
| 上次小组活动回顾和本次小组活动介绍 | 社工引导小组组员回顾上次小组活动的内容，介绍本次小组活动的目标及内容 | 10分钟 | 背景音乐 |
| 互动游戏（扑克牌对对碰） | 1. 目的：锻炼注意力和快速反应能力<br>2. 游戏规则：随机抽取20张扑克牌，数字朝下排成两排，抽签分组（2～3人为一组），每组轮流一次性翻两张牌，当翻到的两张牌是一样的组员可把牌收起，在规定时间内收集到最多牌的获胜 | 10分钟 | 背景音乐 |
| 手工制作（圣诞树） | 1. 目的：训练组员的动手能力和专注力<br>2. 社工提前做好圣诞树，展示给组员，组员观察，每人领取手工材料及说明书，制作手工，组员可相互讨论完成制作 | 30分钟 | 手工材料 |

（续上表）

| 主题 | 具体内容 | 所需时间 | 准备物资 |
|---|---|---|---|
| 本次小组活动小结和下次小组活动预告 | 社工总结本次小组活动的内容及组员们的表现＋组员分享（自愿为原则）＋社工预告下次小组活动的时间及内容 | 10分钟 | |

### 第五次小组活动：专注成长时

目标：①组员互动，彼此认同；②通过互动游戏、手工制作、通关测试训练组员的专注力。

| 主题 | 具体内容 | 所需时间 | 准备物资 |
|---|---|---|---|
| 上次小组活动回顾和本次小组活动介绍 | 社工引导小组组员回顾上次小组活动的内容，介绍本次小组活动的目标及内容 | 10分钟 | 背景音乐 |
| 互动游戏（信息传递） | 1. 目的：从听觉上提升儿童的专注力<br>2. 游戏规则：组员排成一排，选一组员出一组七位数的数字，并通过悄悄话传递的形式告诉下一位组员，成功完成便提升一位数，提升到十位数为止 | 10分钟 | 背景音乐 |
| 手工制作（邀请函） | 1. 目的：通过手工制作训练组员的想象力和专注力<br>2. 社工派发材料及工具，并讲解邀请函的内容及要求，根据社工的要求，组员在规定的时间内完成邀请函制作，邀请家长一同参加下一次小组活动 | 30分钟 | 手工材料 |
| 本次小组活动小结和下次小组活动预告 | 社工总结本次小组活动的内容及组员们的表现＋组员分享（自愿为原则）＋社工预告下次小组活动的时间及内容（让组员邀请父母一同参加下一次小组活动） | 10分钟 | |

### 第六次小组活动：专注小达人

目标：①结束小组并处理离别情绪；②家长感知儿童的改变；③鼓励家长帮助儿童继续保持专注力的训练。

| 主题 | 具体内容 | 所需时间 | 准备物资 |
|---|---|---|---|
| 上次小组活动回顾和本次小组活动介绍 | 社工引导小组组员回顾上次小组活动的内容，介绍本次小组活动的目标及内容 | 5分钟 | 背景音乐 |
| 萝卜蹲（家长与孩子一组） | 1.目的：考验专注力与反应能力<br>2.游戏规则：由社工任意指定一名玩家开始，扮演该玩家者念"红萝卜蹲，红萝卜蹲，红萝卜蹲完黄萝卜蹲"，并做出相应动作；红萝卜玩家动作完成后，黄萝卜玩家务必立即跟上并念"黄萝卜蹲，黄萝卜蹲，黄萝卜蹲完粉萝卜蹲"，同样做出相应动作；粉萝卜玩家立即跟上，如此往复 | 10分钟 | 背景音乐、手工材料、礼品（每一关完成时可得一个赞，小组活动结束后按集赞数量兑换礼品） |
| 找差异（家长观察） | 1.目的：考验组员的专注力<br>2.规则：说两句稍有不同的句子让组员找出两句的不同 | 5分钟 | |
| 手工制作 | 家长与孩子一起制作新年饰品 | 15分钟 | |
| 通关测试 | 测验组员专注力提升情况；每位组员一张舒尔特方格测试题，社工为每位组员计算完成的时间 | 10分钟 | |
| 小组分享 | 社工总结＋家长和组员分享感受及意见（自愿为原则），填写满意度意见表 | 10分钟 | |
| 小组活动结束 | 社工宣布小组活动结束并处理组员的离别情绪；鼓励组员继续专心学习、做事；合影。 | 5分钟 | |

## 五、服务过程

### 1. 小组初期：建立关系、确立目标

　　组员虽然都是同村人，但是彼此也不太认识。在破冰游戏中，大部分组员都很活泼，积极地介绍了自己的姓名、年级、爱好。通过游戏组员间加深了相互认识及了解，建立了良好的关系。在制定小组规则时，组员都很积极地配合社工，并一同参与制定，最后组员与社工共同绘制了小组契约树。让组员共同参与制定有助于组员记住小组规则，并帮助组员意识到团队精神及融入小组中。在专注力训练过程中，社工通过计时、计算组员的说话量等形式，测量组员们的专注情

况。在舒尔特方格测试环节中，组员一开始都是比较认真的，但当听到有一位组员完成了，其他组员就开始有点心神不定、紧张。初次测试用时都在 6~7 分钟之间。在小组活动的初期，社工发现组员整体都比较爱讲话，也容易被周围的环境所影响，社工在接下来的小组活动中需要针对组员的共同特点开展服务。

## 2. 小组中期：处理冲突、提升小组动力

组员间越来越熟悉，能够说出彼此的名字，相互间能够开玩笑，小组归属感较强，组员都能准时甚至提前到场（不能参加的组员家长会到场请假），社工把游戏的道具及玩法告诉组员，组员间便可自行分组进行游戏。社工在此阶段只需要扮演协助者。但也出现了问题：在手工制作环节，组员小颖和小然发生了争吵（小然嘲笑小颖没有专心听社工的讲解，导致没有在规定的时间内完成专注力训练内容），社工鼓励其他组员协助社工一同处理争吵事件，其他组员对争吵的组员说："我们是一个团队，是一家的，不能吵架。"组员在分享环节说："在做一件事情的时候，如果总是说话会影响完成这件事的速度及效果，我们是一个团队，大家之间应该相互帮助、包容，共同成长。"

## 3. 小组后期及结束期：强化成果、小组总结

组员间相互熟悉，总结分享时都很积极地分享自己的感受及收获。组员表示通过几次专注力训练，学到了提高注意力的方法，组员间都能互帮互助了。因对小组的结束感到不舍，组员小桐提议，让社工将专注力训练题（舒尔特方格测试）分享给大家，并表示会推荐给其他同学。

## 六、服务成效

小组活动以体验式为主，从专注力的影响维度切入，分别是"目标""环境塑造""感官"与"身体协调"四个方面，促进组员进行体验与学习。六次小组活动中，社工针对每一次小组活动的主题，通过知识讲解，结合有趣的游戏体验，如拍拍手、捉虫虫、扑克对对碰、信息传递等，让组员在有趣的环节中认识到每一个影响维度与专注力的关系，以及如何选择正确的方式进行训练，提高自身的专注力。"我们在写作业或做一件事情的时候要定一个目标（如在规定时间内完成），这样才能更专注""听力不专注的话社工讲的我就都没听到了"，在训练体验之后组员如是说道。组员表示参与小组活动之后，了解到许多关于专注力的知识，也学习到多种训练方法。通过小组中的学习，大家的专注力知识与水平都得到一定程度的提升。小组活动结束后，组员家长向社工了解专注力的训练方法并领取了舒尔特方格测试题目。家长表示虽然小组活动结束了，但在家里也可以运用社工教的方法培养孩子的专注力。

## 七、总结反思

通过六次小组活动，社工向组员普及了专注力的知识，并让组员体验学习了专注力训练方法，让组员认识到专注力的重要性，把训练方法运用到日常生活中，提高了组员的专注力。本次专注力小组活动吸引了部分家长的关注，组员的家长向社工了解专注力提升方法并领取了专注力训练题（舒尔特方格测试）。社工认为小组活动的目标基本达成。遗憾的是小组成员只有六个，服务的受益群体小，后续可以在其他村居开展此类活动，让社区有需要的儿童都受益。

## 点评：

一般来说，注意力可分为五种类型，包括集中性、选择性、持续性、交替性和分配性。集中性注意力是最基础的能力，表现为当环境中突然出现一个刺激时，孩子能否迅速地反应，例如：老师叫学生的名字，学生是否很快转头看老师；吃饭时，孩子的餐具掉落，他能否注意到。如果孩子此项注意力不佳，代表他无法很快进入一个刺激，也无法迅速执行一项任务，可能需要家长多次提醒才会注意到该做这件事。选择性注意力是当环境中有多种刺激时，孩子能否选择应该注意的刺激，选择正确的讯息进行处理，不受其他刺激的影响。有些父母觉得孩子容易分心，只要有声音就会东张西望，无法注意该注意的事，即与选择性注意力有关。上述五种注意力类型，建议等孩子3岁后再多加练习。本案例中，社工能够掌握儿童这方面的需要，并能够恰当地使用经验学习法设计小组活动的内容，在小组活动中能够通过有趣的游戏让小朋友了解专注力的重要性，训练他们的专注力，这是非常值得肯定的。但是在整个小组活动设计中没能体现如何评估小朋友的专注力是否有所提升。社工还可以系统性地教导家长如何在家中协助孩子进行专注力训练。另外，建议在小组活动中设置活动前后专注时长及行为评估，及时了解组员在小组活动当中的成长及小组活动成效。

（香港浸会大学社会工作学系讲师　李玉仪）

# 少女为何频繁离家出走？

## ——家庭治疗个案分析

蒋炬钻

## 一、服务背景

### 1. 基本信息

案主是 Z 村本地人，和爸爸、妈妈、姐姐一起生活。爸爸和妈妈在村里打散工，姐姐在阳江读书实习，案主读初三，家里经济条件良好。案主的社交主要是与社会上的青年来往，与在校同伴关系较疏远。案主与家人经常起冲突，妈妈比较温和，爸爸比较严厉，和姐姐关系比较正常。

### 2. 个案来源

2017 年 10 月 15 日，案主母亲来到中心求助。案主母亲向社工倾诉她最近很烦不知道该怎么办，因为案主自前一天晚上从学校出来后就没有回家，至今微信、电话都联系不上，还把家人的联系方式全部拉黑了。案主母亲说，她早上去找案主平时接触比较多的朋友询问其下落，但是她们都不肯说。因为社工在案主初一的时候曾为其提供心理辅导，所以案主母亲就来找社工，一方面倾诉问题，另一方面了解案主有没有跟社工联系过，或者朋友圈有没有案主的最新动态。社工询问案主离家出走前的表现，案主母亲表示没有任何异常。案主与社会上的一些朋友玩得比较好，有时候晚上会玩到三更半夜，但像这次突然离家出走还是第一次，所以案主母亲很担心她与社会青年一起玩会吃亏。社工建议案主母亲报警，同时也寻求案主朋友帮忙留意和寻找。

### 3. 初次面谈情况

报警两天后，案主在家人和亲戚的寻找下被带回了家。当天，社工在学校社工站与案主展开了第一次面谈。初见时，案主面黄肌瘦，脸色比较苍白。社工询问案主的近况，案主一笑带过，不愿意和社工说她离家出走的事情。社工意识到案主存在戒备心理，于是从日常生活开始闲聊起来。问到其在校情况，案主回应称她最近一周被学校处分外宿，然后就跟社工和盘托出。她说离家出走的原因是自己一时想不通，才做错了事。在外面的几天她和朋友吃吃喝喝，玩得很开心。但是父母报警把事情闹得很大，所以她就回来了。社工询问她和什么样的人一起玩，案主回答有些是初中就辍学出来工作的朋友，有些是上职中的朋友。案主说目前在班上有一两个玩得来的朋友，但是更向往外面的生活。社会上的朋友很讲义气，也经常带她去酒吧玩，生活丰富多彩，不受约束。而她在家爸爸管得很严，让她喘不过气，家人也曾经打过她，这让她觉得家人不爱她，甚至对她一点都不好。

## 二、问题预估

社工通过与案主进行深入的交流，对案主及其家庭状况进行了预估分析。

### 1. 人身安全问题

案主离家出走的几天中，每天流连于各个酒吧，和社会青年一起喝酒、飙车等。案主今年 15 岁，还是未成年人，其与社会青年一起出入社会场所，会令她的人身安全受到很大的威胁。而她的父母则每次都是在案主朋友面前当场抓她回去，甚至会使用"扯头发、打"的方法逼迫案主回家，因此父母的家暴也对她造成了人身威胁。

### 2. 行为偏差问题

案主在校的人际关系很差，成绩也不好，存在逃避学业的倾向，继而选择离家出走。而父母的不断逼迫使得家庭矛盾不断升级，父母甚至开始出现打骂的家暴行为。当案主提及父母时，心里甚至还有一丝恐惧。

### 3. 亲子沟通问题

案主父母的教育方式不一致，一方太过严厉，一方过于温柔纵容，导致案主对待父母的态度不同。对待严厉的父亲，她逐渐避而远之；对待温柔纵容自己的母亲，她则是不断地要求自由的权力。案主只要一提及不去上学的事情，父亲就会破口大骂，双方在家几乎零交流。母亲则选择"哄、事事迁就"的方式与案主沟通，希望她能听父母的话，但是她往往不愿意理睬。

### 4. 社会融入问题

案主离家出走的消息已经通过微信及朋友圈在当地传播出去，姓名、照片等信息都暴露了，家人、邻居、老师和同学都知道了案主有离家出走的不良行为。案主回归校园生活后，可能会被贴上坏孩子的标签，同学更加避而远之。父母以及老师需要关注案主重新融入校园的问题，帮助她更好地重新适应环境。

### 三、理论依据

#### 1. 家庭治疗模式

结构式家庭治疗模式是家庭治疗模式中运用最广、影响最大的模式，其特点是把家庭整体视为社会工作的服务对象。理论假设包括：①家庭是一个系统，家庭结构包括次系统、边界、角色和责任分工、权力结构；②病态家庭结构呈现纠缠与疏离、联合对抗、三角缠、倒三角等特征；③家庭生命周期。家庭治疗模式的实施过程包括前后相连的三个主要阶段。第一阶段，进入家庭、评估和介入，以家庭为工作的焦点。第二阶段，关注家庭功能失调的评估：家庭形态和结构；家庭系统的弹性；家庭系统的回馈；家庭生命周期；家庭成员症状与交往方式的关系。第三阶段，强调家庭功能的恢复：改变家庭成员的看法、改善家庭结构、改变家庭错误观念。

#### 2. 应用分析

本案例中，案主父母的教育方式不一致，一方太过严厉，一方过于温柔纵容，导致案主对待父母的态度不同。对待严厉的父亲，她逐渐避而远之；对待温柔纵容自己的母亲，她则是不断地要求自由的权力。因此，根据家庭治疗模式理论，社工需要关注其家庭结构，以及家庭成员之间互相的看法。通过改善其家庭结构以及家庭成员之间的看法，制定家庭契约，缓解家庭矛盾。

### 四、服务目标

#### 1. 总目标

案主与家人进行沟通协调，改善他们的家庭关系。另外协助案主回归家庭、回归校园。

#### 2. 具体目标

（1）与案主的家庭成员制定家庭契约，在行为和言语等方面做到互相尊重，父母不再出现家暴行为。

（2）案主至少未来半年内不再出现离家出走行为。

### 五、服务实施过程

#### 1. 第一阶段：紧急介入

在得知案主离家出走的消息后，社工协助其母亲报警，并鼓励其母亲发动身边的力量，在最短的时间内找到案主，把她安全带回家。

**2. 第二阶段：拓展案主的主诉**

在案主回归家庭后，社工聚焦其家庭治疗，鼓励案主说出她经常离家出走的原因。案主表示自己经常逃学去酒吧玩，父母每次都是铺天盖地发消息甚至使用暴力逼她回家，这对她来说是一种伤害。因此，她不想回家，在家里不被尊重、没有自由，而这些只能在社会上获得。社工的同理心让案主感受到支持和理解，逐渐倾诉了很多自己和家人的事情。叙说的过程也是案主宣泄情绪的过程。在辅导过程中，社工告诉案主父母是爱她的，只是表达方式需要改善。在疏导案主的同时，社工也对其父母进行了安抚。父母之间因为女儿离家出走而互相指责对方的教育方式，导致整个家庭氛围都十分压抑。社工鼓励他们改进交流方式，继续陪伴案主度过青春叛逆期。

**3. 第三阶段：着重探索导致目前问题的家庭模式**

社工和案主建立专业关系后，也和案主探索了父母的哪些言行导致了她不想回家这个问题的持续发生。案主表示父母不理解自己，只要一提及不去上学，父亲就会破口大骂，双方在家几乎零交流。母亲则选择"哄、事事迁就"的方式与她沟通，希望她能听父母的话，但是她往往不愿意理睬。母亲在家像是"夹心饼"，两边不讨好。

**4. 第四阶段：探索重要家庭成员的过去对现在的影响**

社工了解到案主从小到大，大部分事情都是被父母安排好的，家教相对比较严格。上初中后，案主觉得很不适应，跟同学的关系也不好，开始有了辍学的念头。但父母从来不理解，只是一味地责怪她不去上学。一次偶然的机会，她认识了社会青年，在外面获得了快乐、关心、尊重，因此案主开始逃学、离家出走，逃避家庭和校园的复杂关系。案主正处于青春期，以自我感受为中心，希望被尊重、被关爱。过去被安排好的生活、过分的束缚，让案主产生叛逆心理，从而与父母产生沟通障碍，矛盾不断升级。社工适当引导案主认识离家出走的危险和后果，同时也引导案主尝试了解父母的期待，在两者之间寻找可协商的地方。短期内案主的行为稳定了下来，但只有两周左右，之后其离家出走的情况还是有所反复。离家出走、逃学、出没酒吧等不良行为尚未修正，社工和其父母还在努力商量对策，希望能尽快协助案主转变。

**5. 第五阶段：探索相关的改变方式**

案主离家出走的行为跟家庭结构失衡有关。案主离家出走的期间，其家人很焦虑也很无助。社工为其家人提供了支持，鼓励他们把案主每次离家出走的事件作为改进亲子关系、改变教育方式的契机。在这个过程当中不断总结教育经验，学会和孩子沟通。并且组织他们召开家庭会议，了解双方的期待，从而制定契约、互相监督。社工鼓励案主父母用正向的行为代替打骂的方式。当案主再次出走时，案主父母尝试不再使用暴力，然而无计可施时，他们也使用了更强硬的方式，比如对案主的手机、金钱、外出行为进行了更严格的看管和限制。案主不适应这种做法，对父母产生了负面情绪。在这个过程中，社工引导其家人密切关注案主的情绪和心理变化，不要让她有自残或伤害他人的行为。同时引导其父母不要当着家人、邻居的面评价案主离家出走的事情，以免强化离家出走带来的负面情绪和影响，这不利于家庭关系的修复。另外，案主也承诺自己可以做到不离家出走，但是也要定期和朋友联系，希望征得父母同意。双方都表示愿意改变。

### 6. 第六阶段：案主重返校园

因案主作为未成年少女频繁离家出走，其父母在迫不得已的情况下选择报警和在朋友圈公开发布女儿失踪的消息，这对案主回归校园后的社交和成长造成了一定的负面影响。案主回归学校时，社工联合学校班主任一起商讨对策，尽量将案主离家出走的负面影响降到最低；老师请平时和案主稍微玩得来的同学和她多互动，多关心、陪伴她；社工也建议老师多关注她在校的情绪，有紧急情况可以第一时间联系家长和社工。

### 7. 第七阶段：跟进服务

案主目前已经回归家庭和校园，继续读书和生活。但案主仍然渴望得到出去玩的自由，家长仍然需要引导和管教，所以社工一直陪伴他们协商调整家庭约定。目前终于形成了一个双方暂且都能接受的方案，虽然在实施过程中也遇到了困难和挫折，但是社工一直定期跟进和协调，一方面尽量修正案主离家出走的行为，另一方面协助案主父母尽到管教义务。社工希望帮助他们找到一个平衡点，既能让案主度过叛逆期，也能让这个家庭恢复和睦。

## 六、服务成效

### 1. 案主与家庭成员的关系得到缓解

针对案主多次离家出走的情况，社工通过组织开展家庭会议，共同商定家庭约定的方法，调整他们的家庭结构，以及家庭成员之间的互相看法。通过改善他们的家庭结构以及家庭成员看法，在行为和言语等方面做到互相尊重，从而来修正案主离家出走的行为。在社工跟进的过程中，案主父母也在慢慢改善教育方式，其父亲也没有再出现打案主的情况。案主也逐渐增加与家人的互动，主动参与到家庭活动当中。

### 2. 案主的行为得到修正

随着父母教育方式的改变，案主的生活恢复至正常状态，行为也得到修正。

在社工跟进过程中，案主已经能做到半年内不离家出走。每次外出都会告知家人，让家人不用担心自己的安全问题。并且案主顺利完成了初中学业，考上了职中，继续接受教育。

## 七、评估与反思

社工在跟进本个案的过程中，做了以下反思。

### 1. 需要提升紧急介入技巧

社工在接到案主母亲的求助时，案主正处于离家出走多天的情况，社工需要去辨别案主问题的迫切性和严重程度，以便做好下一步的工作计划，社工的应急能力需要提升。当发现案主有被家暴的情况时，要及时介入或提早预防，而不是目睹家暴现场才采取制止行为。

### 2. 需要提升甄别问题的优先次序的能力

在接案阶段，社工发现案主的问题不止一个，所以不确定优先处理哪一个。但是处理问题的次序会直接影响服务效果和案主的积极性。其实在这个过程中需要协助案主理出问题的轻重缓急，以便及时解决问题，使服务更有效果。

## 点评：

案主可以说是在非自愿及非主动的情况下向社工寻求帮助的，社工运用关系建立的技巧，有效地与案主建立信任关系，使案主能坦然地向社工吐露她对父母的负面情绪，这有一定的治疗作用，社工在这方面的表现值得肯定。此外，社工能够运用案主外在的资源，例如老师以及朋辈群体建立有效的支持网络，减少案主因为面对挫折、拒绝支持而再次离家出走的可能。而案主与父亲的关系有所改善，最关键的就是社工获得了案主及其父母的信任，让家庭会议成为有效的沟通渠道，提升了父母与孩子的沟通，使案主能够表达自己对父母相处方式的期望，父母亦能够为孩子做出改变，使家庭关系得以初步缓解。建议社工可就这个家庭的结构作进一步详细的分析，例如家庭结构中次系统、边界、角色和责任分工、权力结构，关注家庭功能失调的评估、如何改善家庭结构及沟通等，使在应用结构式家庭治疗模式理论进行分析时更有效地把问题分析出来，并为评估这个案例带来更好的基础及更明确的目标。

（香港浸会大学社会工作学系讲师　李玉仪）

# 让童年洒满阳光

## ——儿童抚养纠纷个案分析

陈小翠

## 一、服务背景

### 1. 基本情况

案主男，46 岁，湖南人，到 FH 生活已有多年，家中有妻子及两个女儿，两个女儿均在 FH 长大。案主现今在 FH 市场附近当护理员，家庭月收入 7 500 元左右（包括两个女儿给予的家用补贴）。案主妻子在外孙出生前也是一名护理员，因外孙出生后无人照顾，便辞去工作专门在家照顾外孙。大女儿（即外孙母亲，2019 年 11 月刚满 18 周岁）现今在佛山的一家工厂打工，小女儿 2020 年中专毕业外出实习。外孙于 2016 年 5 月在 ZC 保健院出生。外孙父亲 2019 年满 21 周岁，现今在佛山一家汽修厂工作（与外孙母亲非同一工厂），其父亲已离世，母亲外嫁，家里仅剩一个哥哥。双方于 2018 年春节后分手。

在大女儿初中的时候，案主就知道女儿在谈恋爱，但没有多加阻拦；在得知大女儿怀孕后，案主曾跟男方家多次商量。由于男方父亲离世多年，母亲外嫁，男方一直是由奶奶及叔叔家照顾，因而男方也很听从其叔叔的话，其家里大部分长辈认为男女双方都还小，未来还充满未知数，而且相对来说压力也会很大，所以不建议把孩子生下来。案主当时见女儿正在热恋中，感情很好则没有阻拦。

### 2. 个案现状

案主身体健康，为人直爽，性格开朗，对女儿未婚未成年生子的事情持开明的态度，认为女儿开心就可以了，外孙可以由其照顾；案主社交正常，与邻居关系友好；外孙出生后，案主一边照顾外孙，一边帮助外孙父亲种田、打理果树、家务等，得到了外孙父亲村子里邻居的一致好评。外孙出生后，一直由案主一家照顾，在出现抚养纠纷后，身边的人，包括外孙父亲的姑姑以及外嫁的母亲，均支持抚养权归案主一家所有。

## 二、问题预估/需求评估

### 1. 问题预估

外孙父母分手后，外孙依旧由案主抚养至今。案主打算回湖南发展，因外孙户口在当地，所以想把外孙交由外孙父亲抚养，但外孙父亲一直犹豫不定。在抚养费上，也从以前的两三个月给一次到现在直接不支付抚养费，而外孙准备上幼儿园，会产生更多的支出费用，导致案主一家经济压力较大。在抚养权的问题上，案主也是优先考虑外孙父亲的想法，但是由于外孙父亲一直犹豫不决，案主出现烦躁、过多忧虑的情况。

### 2. 需求评估

案主期望加强与外孙父亲的沟通，并达成关于抚养外孙的共识；同时希望增加对儿童抚养权相关法律知识的了解。

## 三、理论依据

### 1. 优势视角理论

社会工作中的优势视角是指在看问题时主要关注案主的优势和能力，强调每个人、团体、家庭和社区都有优势；要将关注点更多地放在案主的优势和潜能方面，要特别强调与案主之间平等、合作和互助的关系，而非专业关系。

优势视角取向的实践意味着在某种程度上要立足于发现、寻求、探索和利用案主的优势和资源，协助他们达到自己的目标。

优势视角有五大原则：①发掘优点而非存在的问题，增强其依靠自己的希望；②相信人有能力学习、成长及改变（希望重建与强化的过程）；③关系建立是基于有效的协助；④能参与决定、选择和判定成长的方向（案主自决和案主有权利和能力去选择自己所接受的服务，以及去选择自己是否改变，怎么改变）；⑤搜集和寻找所有的社会资源。

### 2. 任务中心模式

所谓任务是指案主为缓和问题的严重性所欲采取的行动，这不仅代表案主所欲达到的直接目标，也代表其达到最大目标的方法，并可为其所采取的行动作一概括的说明，且此任务是与工作者共同认定的。

任务中心模式最主要的特色在于"简要"与"有时间限制"，属于短期处理，强调短期介入，约在二至四个月的时间内安排八至十二次会谈，平均每周一次会谈。

处理程序（五个阶段）：①问题探索与详述、预测；②确认问题；③订立契约；④任务规划与执行；⑤结束阶段。

3．应用分析

在该个案开展过程中，根据优势视角理论，协助案主发现自身优势。案主对女儿未婚生子的事情比较开明，从女儿怀孕到外孙如今3岁，均由案主及其妻子照顾，外孙也非常依赖案主；协助案主梳理关于抚养权的问题，了解自身的想法是什么，提供平台让双方坐下来协商，在协商不能达成一致时，让案主自己选择是否要争取抚养权，该怎么争取抚养权。

在双方未能达成共识，案主确定争取抚养权时，与案主商讨更换理论模式继续跟进个案，在得到案主确定之后，根据任务中心模式理论，与案主确认问题——争取孩子抚养权。社工与案主联系驻村律师，学习相关的法律知识，寻求专业律师团队的帮助。

## 四、服务目标

（1）协助案主与孩子父亲沟通，促进双方就孩子抚养权问题达成共识。

（2）为案主链接法律团队资源，增加案主对儿童抚养法律知识的认识。

## 五、服务过程

### 1．第一阶段：建立专业关系

社工在接案后，分别与案主及孩子父亲取得联系并建立关系，希望从中可以得知双方在孩子抚养权上的想法。案主表示之前因为想回老家，就想着把孩子交给孩子父亲，当时孩子父亲是答应的，但是不到一个月就反悔了，连续两次跟案主表示孩子他不要了，案主尝试过跟孩子父亲沟通，但都是以沉默结束。案主多次讲到孩子从一出生到现在三岁一直由案主照顾，希望把孩子带回老家一起生活，但孩子父亲对此极力反对，并从此开始不支付抚养费，而且案主认为孩子父亲以后还会结婚生子，更加担心孩子以后的生活。孩子父亲表示以后不会找女朋友，因为他认为与孩子母亲早晚会复合的，现在只是暂时分开，所以压根就不存在争夺抚养权的问题。至于之前说的不要孩子的事情，刚开始他还是沉默，后来才跟社工说第一次是喝醉了说的胡话，第二次是真的有过这个想法，但是现在很后悔说这样的话。

### 2．第二阶段：促进双方达成共识

社工协助案主与孩子父亲沟通，促进双方就孩子抚养权问题达成共识。在双方同意的情况下，社工让双方在社工站就孩子抚养权问题进行沟通。对于孩子父亲认为会跟孩子母亲复合的想法，案主予以否决，并且明确表示没有这个可能性。案主希望可以私下与孩子父亲签订协议，孩子依旧由案主抚养，但孩子父亲需要每月支付抚养费，并表示希望可以带孩子一起回老家。在听到案主要把孩子带回老家后，孩子父亲很激动，表示不同意。案主表示如果不同意把孩子带回老家，以后孩子抚养是个问题，孩子父亲自己无法带孩子，而且以后还会结婚生子，担心对孩子成长造成伤害，建议由孩子父亲这边的亲戚照顾孩子，但这也被孩子父亲否决并表示家里已经没有人可以帮助照顾。经过多次沟通后，案主也跟家里人商量，决定暂时不回老家，但是孩子的抚养权得必须在案主这边，并且孩子父亲需每月支付抚养费。孩子父亲认为他自己可以照顾好孩子，哪怕以后结婚生子，也会对孩子好。最终双方无法达成共识。

### 3. 第三阶段：链接法律资源

社工为案主链接法律团队资源，增加案主对儿童抚养法律知识的了解。社工联系驻村律师，并把案主情况告知律师，律师就案主的情况，根据《婚姻法》第二十九条、第三十条及有关法律规定，从有利于子女身心健康、保障子女的合法权益出发，并结合父母双方的抚养能力和抚养条件等具体情况给予了相关的建议。律师建议以案主的大女儿即外孙的生母为起诉人，并保存好外孙父亲说放弃抚养权的话语，案主亦联系社工出具曾经在社工站做过调解的证明。根据案主的实际情况，外孙属于非婚生子，从出生至今一直由案主一家抚养，即与生母共同生活，那么非婚生子的生父应负担子女必要的生活费和教育费的一部分或者全部，直至子女能独立生活为止。至于负担多少、负担的方式则应根据子女生父和生母的经济状况而定。同时，《婚姻法》第二十五条规定：非婚生子女享有与婚生子女同等的权利，任何人不得加以危害和歧视。不直接抚养非婚生子女的生父或生母，应当负担子女的生活费和教育费，直至子女能独立生活为止。如果男女双方关系不是夫妻关系，属于非婚同居关系，不受法律保护，分开关系就会解除。但是非婚生子女，等同婚生子女。如果对于孩子的抚养权不能达成一致意见，可以同居关系子女抚养纠纷为由，向法院起诉要求孩子的抚养权。律师与案主多次联系孩子父亲后，确定无法私下调解，决定走法律程序争取孩子抚养权；因孩子母亲当时未满18周岁，律师建议等到11月初满18周岁后再到法院申诉，这样成功率会高一些；同时律师建议可以把与孩子父亲微信聊天的记录截屏下来，作为对方曾经有放弃抚养孩子想法的证据。

### 4. 第四阶段：结案

社工了解法院判决，与案主商量结案事宜。判决结果：孩子抚养权归案主，孩子父亲在每月的10号前以多种支付方式支付案主3 000元的抚养费直至孩子18周岁。

## 六、服务成效

案主刚开始是比较被动的，一直想等孩子父亲的答复，也是以孩子父亲的意愿作为前提。

在社工跟进一段时间后，由于孩子父亲超过两个月没有给予抚养费，家庭经济压力很大，案主决定不再等待了，想走法律程序，并主动联系社工，希望社工可以帮忙联系律师并了解相关法律知识。最终在驻村律师及其团队的帮助下，案主拿到了孩子的抚养权。在个案结束一个月后，社工再次与案主联系，了解案主结案后的近况。案主告诉社工，本月的抚养费，孩子父亲已经微信转账过来了，并且偶尔会询问一下外孙的近况。而关于上幼儿园的问题，案主已经到附近的幼儿园了解过，也跟幼儿园那边联系好了，过完年就把孩子送进幼儿园。孩子对于自己要上幼儿园表现得很兴奋。关于孩子的探视问题，案主表示如果孩子父亲想看孩子，随时都可以看，不会阻止孩子跟父亲接触。

## 七、总结反思

在个案过程中，社工首先运用会谈的介入手法，了解案主及孩子父亲对孩子抚养权问题的想法，并建立平台，社工以第三者的角色进行会谈，在这个过程中，社工做好工作记录；在案主出现烦躁、过多忧虑的情况时，社工给予鼓励与支持；在双方协商无法达成共识需要走法律程序时，社工链接律师团队资源，增强案主对相关法律知识的了解；在等待法院判决结果期间，了解案主的心理状态，给予一定的情绪压力疏导。

在服务过程中，案主曾经出现过抵触的心理，后来经过督导的建议，社工运用聆听、同理、鼓励和支持等系列技巧与案主建立了良好的工作关系，取得了案主的信任，案主愿意将问题和困难向社工倾诉，社工也本着自愿的原则，让案主自行思考、自行做决定。在双方共同努力下，案主的问题得到解决，看到案主得到自己想要的结果，社工也替案主感到开心。

社工在遇到相关个案时，可以提前了解相关的法律知识，这样可以在案主犹豫是否提起法律诉讼时，提供参考建议。

**点评：**

社工实际上是运用了调解的技巧来处理本案例。在调解过程中，除了顾及法理，人情的考虑更不能忽略。调解要以独立且持平的方式协助双方沟通，引导双方寻找纠纷背后的基本原因并考虑对方的现实情况，协助双方坦诚相告各自的关注和需要，达成一个和解方案。社工在本案例中肩负了一个非常重要的任务，那就是加强双方的沟通，了解大家对孩子抚养权的态度，虽然孩子因父母关系破裂而受的心灵创伤是不可弥补的，但调解确实有助于减少冲突，给孩子带来更大益处。夫妻虽可离婚，但其背负的父母职责却是永远的。因此，从一开始便减少夫妻在父母角色中的冲突，可使他们日后能更密切地相互合作，保持与孩子继续接触，这样父母虽分开亦能共同抚养及教育孩子，这对孩子日后健康成长有莫大的帮助。因此，和解方案常被形容为双赢方案。案例中社工能协助缩窄双方的差距，为孩子带来一个最好的照顾方案。此外，社工还链接社区法律资源来增进双方对相关法律知识的了解，这有助于减少双方的争拗，促进双方达成共识，使这起抚养权纠纷案得到成功解决。

（香港浸会大学社会工作学系讲师　李玉仪）

# 在黑暗中砥砺前行的逐光者
## ——助力精康家庭走出困境

单丽婷

## 一、服务背景

案主27岁，现在在S镇C村一家工厂打工，与丈夫、公公和儿子、女儿一起居住。社工接触案主时，发现案主的精神状况不太好，了解到案主丈夫患有二级精神病，已住院了一段时间，出院后住在家中。案主的儿子原在幼儿园读书，但因多动被三家幼儿园劝退，由案主公公照顾。社工尝试与案主儿子沟通，但案主儿子一直在乱画和动来动去，没有回应社工，但有时候会有眼神的接触。另外，案主的女儿平日里都是放在托管所照顾，案主下班后去接。

在二次探访时，案主告知社工想带儿子去看医生，但无奈经济条件不允许，只能向综治办和村委求助，综治办表示等有精神科医生下乡服务时，便可带其去诊断。案主提到女儿说话也有些口齿不清，担心女儿语言障碍，想带去看医生，但也因经济能力不允许，还没带女儿去做检查。另外，由于案主丈夫出院后，一直不肯吃药导致精神病复发，不仅把家里的厕所、门和电视砸坏了，还把儿子和公公困在家中，不让他们出门。案主公公也因此被气到吐血进医院。案主丈夫担心案主把儿子带走，声称要与案主离婚，但无实际行动，不肯跟案主去民政局办理离婚，还想把户口本上关于案主的一页撕掉；并曾掐住案主的脖子，让案主离开家里。案主已向村委和综治办求助，综治办表示短期内会派车把案主丈夫强制送进医院。

## 二、问题预估/需求评估

服务对象问题：①案主丈夫精神病发作严重，需要尽快送入精神病院治疗；②案主儿子疑似患有少儿多动症，需尽快到医院确诊；③案主压力大，情绪焦虑，需做情绪疏导工作。

服务对象已采取的措施：①寻求村委和综治办的帮助，等综治办派车把案主的丈夫送入精神病院；②向村委反映儿子的异常情况，等有下乡的医生过来给儿子检查。

社工已采取的措施：①把情况反映给民政办，等民政办反映给综治办，尽快派车把案主的丈夫送入精神病院；②提醒案主在其丈夫暴怒，容易发生危险事故的时候，要马上向村委求助；③建议案主把抗精神病药放进饮食中，让其丈夫把药吃了，这样才能稳定病情。

### 三、理论依据

社会支持网络指的是一组个人之间的接触，通过这些接触个人得以维持社会身份并获得情绪支持、物质援助和服务、信息与新的社会接触。

根据社会支持理论的观点，一个人所拥有的社会支持网络越强大，就越能够应对来自环境的各种挑战。个人所拥有的资源又可以分为个人资源和社会资源。前者包括个人的自我功能和应对能力，后者是指个人社会网络的广度和网络中的人所能提供的社会支持功能的程度。以社会支持理论取向的社会工作，强调通过干预个人的社会网络来改变其在个人生活中的作用。对于那些社会网络资源不足或者利用社会网络能力不足的个体，社会工作者致力于给他们以必要的帮助，帮助他们扩大社会网络资源，提高其利用社会网络的能力。

在本案例中，社工通过与案主面谈，了解到案主个人的社会支持网络薄弱，对丈夫病情的处理很多时候都是向综治办、村委反映或者依靠自身的能力，其他方面的支持力量比较弱。社工通过干预案主的正式支持网络和非正式支持网络为案主提供服务。在正式支持网络方面，社工在几次面谈中发现案主会向综治办和村委进行求助，说明案主个人的正式支持网络较好，社工通过把案主的情况汇报给村委，并告知案主遇到危险时，及时向村委进行求助，增强了案主原有的正式支持网络。在非正式支持网络方面，社工通过和案主家人、邻里沟通，在家庭情感支持上，希望案主家人能够理解案主，必要时及时给予案主援助，从而扩展了其家庭层面的支持力度；在邻里支持上，希望邻里之间发挥互助的美德，平时尽自己力量帮助案主，在案主遇到危险时及时给予帮助。

### 四、服务目标

协助案主处理其危机现状，舒缓情绪并寻找解决危机的方法。

### 五、服务计划

（1）为案主提供危机介入，协助案主将其丈夫送入精神病院；
（2）教育案主如何处理其丈夫的危机，协助他进行社区康复；

（3）链接社区资源，为案主儿子提供受教育的机会；

（4）鼓励案主就业，提升案主的社区支持网络，改善案主的经济情况。

## 六、服务过程

### 1. 为案主提供危机介入，协助案主将其丈夫送入精神病院

社工把情况反映给民政办后，过了几天社工再次联系案主，案主告知社工，丈夫已被综治办强制送进了医院。同时，案主也表示下乡的医生来给孩子做了检查，让案主带着孩子去广州市惠爱医院检查，检查结果是案主儿子患有孤独症三级，现在需要评残。同时，案主也带了女儿到 S 医院检查，S 医院的医生表示没有什么问题。社工再次建议案主带女儿到大医院检查，如 ZC 人民医院和保健院等三甲医院就诊，S 医院的医疗技术水平相对较差，社工希望案主可以慎重考虑，毕竟孩子还小，及时发现问题才可以及时医治。

### 2. 教育案主如何处理其丈夫的危机，协助他进行社区康复

社工教育案主在其丈夫出院后，一定要用多种方法让他准时吃药，万一再出现对案主家暴等紧急情况，一定要马上联系村委或民政办。社工还建议案主让其丈夫在精神病院多住一段时间，待情况稳定后再出院。案主点头表示明白。随后案主表示已带女儿到人民医院检查，医生表示没事，女儿的情况是正常的。对于案主儿子的情况，社工询问案主是否有想过接下来该怎么做或者有什么样的想法。案主表示不知道该怎么办。在跟案主讨论案主儿子情况的时候，社工请案主的公公过来旁听，并询问其知道了该情况后，是怎样的一个态度。但是案主的公公并不能清晰地表达自己的想法和感受，一直在说自己儿子固执放不下，并埋怨自己的儿子。社工还观察到案主的公公有时候还会对案主的儿子很凶，以对待正常小朋友的思维来教导，但由于年纪大、身体不适等，其照顾案主儿子的精力有限。最后，在会谈即将结束之际，社工表示案主儿子可能需要到特殊学校接受特殊教育，做一些康复训练，这样可以让他长大后有能力照顾自己。同时，社工建议案主可以带儿子换一个居住环境，或许对他的病情有好处，因为案主的儿子长时间被禁锢在这个房子里，可能对他的心理造成一定的阴影。社工还提醒案主及其家人，在照顾孩子的时候要注意学习一些特殊教育技巧，这样对案主的儿子会有一定的帮助。特殊儿童是不能用常人的教育方法来教育的。案主表示自己不知道有什么学校适合儿子，而且上学费用对于案主来说也比较困难。案主希望儿子有所好转，但是不知道该怎么做。社工安慰案主不要着急，先一步步来。社工表示会去找一下特殊学校的资源和特殊儿童教育的资料，希望可以帮助到案主。

### 3. 链接社区资源，为案主儿子提供受教育的机会

社工在经过多次咨询后，综合考量案主的经济能力和国内有限的资源，目前

只有公立的致明学校适合案主儿子入读。但是致明学校没有住宿，只有校巴到ZC宾馆，需要案主每天接送和陪读。社工将此情况反馈给案主，案主表示自己没有时间，如果不工作就没有收入，家中还有小女儿需要照顾，公公的年纪也比较大了，不想让他老人家每天这么奔波劳累。社工观察到案主把所有的事情都压在自己身上，精神压力非常大。社工建议，如果案主公公的身体状况允许，可以让其分担一些，毕竟孩子还小，如果接受教育，以后可以相对更有能力照顾自己。案主表示会考虑。另外社工找到了自闭症儿童的相关资料和星星儿自闭症公益协会，把资料和公益协会的联系方式给到了案主，并给案主讲解了自闭症儿童的相关知识。

**4. 鼓励案主就业，提升案主的社区支持网络，改善案主的经济情况**

案主向社工求助，表示自己因为近段时间照顾公公和子女，请假了一段时间，没有工资。现在丈夫在精神病院每月都要交伙食费，还有女儿每月的托管费和奶粉钱，经济压力很大，正在思考要不要做微商。社工利用SWOT分析法与案主分析了做微商的好处、坏处、机遇和风险。在分析完后，案主决定试试从事微商行业。

社工发现案主做了微商后，变得更自信、更乐观了，而且在微商平台上也认识了很多朋友，大家都很乐意且积极地帮助她成长。案主表示十分感谢社工帮助她寻得了这样的一个机遇，现在案主已有能力自己解决经济上的问题，同时也增强了案主的社会支持网络。

| SWOT分析法（做微商） | |
|---|---|
| S（优势/好处）：<br>①有一个已在做微商的朋友，可向她了解相关的微商知识，有朋友的支持<br>②有社工的支持<br>③有想要摆脱苦恼的强烈意愿 | W（弱势/缺点）：<br>①人际交往圈狭窄，没有客源，销路难以打开<br>②需要每天发朋友圈，容易被朋友屏蔽 |
| O（机遇）：<br>①有机会销售出产品，获得额外的收入，拥有一份属于自己的小事业<br>②能接触到社会上不同类型的人，结交到志同道合的朋友，开阔自己的眼界，提高自己的社会支持网络<br>③能学习到营销策略、沟通方法和职业规划等知识，提高自信心 | T（威胁）：<br>①同行微商较多，市场竞争力大<br>②被上级欺骗了代理费后，无人搭理<br>③大家对微商的信任度不高，难以销售产品 |

## 七、服务成效

（1）案主丈夫已被送进精神病院治疗，案主及其儿子、公公脱离危险。

（2）案主已带儿子去医院检查，确诊为孤独症三级，并已申请到残疾证。同时，社工为案主链接了星星儿自闭症公益协会，进入了自闭症儿童家长支持互助群。

（3）案主已带女儿去医院检查，女儿非常健康。

（4）案主成为一名微商，增强了自信心和社会支持网络。

## 八、总结反思

（1）特殊学校方面的资源非常有限，根据案主的家庭情况很难找到合适的学校，社工对此感到无奈和可惜。

（2）在这一连串事件发生的过程中，案主虽然多次情绪崩溃，但依然坚持和正面积极地对待解决问题，社工对案主感到敬佩和欣赏。

（3）在舒缓案主情绪方面，社工应多学习一些心理学技巧，在对话过程中运用技巧有意识地处理其情绪。

### 点评：

本案例中，社工首先通过辅导及情绪支持，帮助案主舒缓压力及情绪困扰，然后协助案主处理好丈夫精神病发作及自身保护的事情，最后鼓励案主就业，扩大她的社交圈子，改善她的经济情况。通过社工的积极干预，案主的家庭危机得到了及时缓解和支持。社工还积极地向案主解释其儿子的情况，链接相关的特殊教育资源，虽然最终未能建立相关资源的链接，但引起了村委的关注。此外，社工链接到的互助组织对案主儿子的治疗有莫大的帮助，通过安排案主的儿子进行伤残鉴定，为孩子带来了现金及福利支持，对他日后康复及个人的成长均有帮助。建议社工在理论的应用上可考虑使用危机介入的框架进一步分析本案例的介入程序及目标，运用危机介入的三个主要原则为：①界定导致危机的主要因素及介入的重点方向；②如何有效运用案主自身以及小区的资源；③如何充分地协助案主及受影响家人纾解实时危机及困扰。如在这三个原则上进一步梳理，更能突显社工在危机介入工作中的角色及处理技巧。

（香港浸会大学社会工作学系讲师　李玉仪）

青少年篇

# "古怪"少女不孤单

## ——金色阳光青春期关爱服务

孔婉君

## 一、服务背景

### 1. 个案来源

校园欺凌行为产生的原因比较复杂，其中个性特征、心理特质、认知偏差、同伴群体间的社交技巧等内在的因素是主要原因，教师的教学方式、学校的教育制度等学校因素是次要原因。有研究表明，面对突发事件或者危机，被欺凌者往往不能采取积极有效的因应策略和应对方式，而是采取消极的应对方式，一般表现为沉默和逃避。而在欺凌者身上则体现为不能有效地控制自己的情绪，不能采取合理的方式与他人相处，不懂得同理其他人。就旁观者而言，他们缺乏同情心以及随机应变的能力，面对问题也往往存在不知所措，只能静静地看着的情况。

2019 年 10 月，YN 街社工服务站定期入驻 A 中学提供服务。A 中学高度重视校园欺凌的预防和治理工作，入校以来，社工接触到几个被欺凌的学生，他们由班主任或自己申请接受社工服务。为此，社工开展了针对性的问卷及访谈调研。

### 2. 案主现状

案主女，初一新生，患有先天性心脏病，脸部轻微畸形，身体瘦弱。班主任表示案主性格极其内向，不愿与人交流，与人交流时只用动作点头或摇头回答，不会表达自己的需求，并且不能适应住宿生活，如无法接受舍友闹钟太吵、洗澡排不上队等，导致在班上没有关系较好的朋友。因为脸部畸形又不擅于与人交流，案主还被班上个别男同学起"花名"，她感到孤独难过。

### 3. 个案概述

社工针对校园欺凌行为开展"金色阳光"青春期关爱计划，加强在校青少年心理健康教育，营造校园内心理教育氛围，促进在校青少年科学地认识、了解青春期心理健康知识，形成正确的心理健康观念，缓解在校青少年学习生活压力，预防在校青少年心理危机事件的发生。同时社工开展青少年个别成长辅导服务，组建在校青少年心理辅导工作交流群，使教师能更有效地预防在校青少年发生危机事件，针对学校转介的青少年提供精细化、专业化社工服务，在为其提供恒常服务的同时，还提供个案辅导及转介服务以满足他们的需求。

## 二、问题预估

### 1. 受欺凌问题

案主经常会因为样貌、言行等遭到同学的欺凌，包括言语上的辱骂、起绰号等。

### 2. 情绪问题

由于受欺凌而导致负面情绪产生，影响案主学习和生活。且由于不适当的认识，当面对欺凌行为时案主不能采取积极的应对方式，而是选择沉默和逃避。

### 3. 自信心问题

由于案主自上初中以来一直遭受班上同学的言语欺凌，加之学习成绩一般、不被别人接纳等导致案主的自尊心和自我认同严重受伤，案主缺乏自信心，内心较为封闭。

## 三、理论依据

### 1. 优势视角

优势视角是一种关注人的内在力量和优势资源的视角，意味着把人们及其所处环境中的优势和资源作为社会工作助人过程中所关注的焦点，而非关注其问题和病理。优势视角基于这样一种信念：个人所具备的能力及其内部资源允许他们有效地应对生活中的挑战，从案主自身和环境的优势出发，鼓励案主发挥自身优势。

### 2. 应用分析

社工在服务过程中结合优势视角理论，关注案主的自身能力和案主环境中的优势资源，而非关注案主的问题和病理。社工相信，具备人际交往的能力以及被欺凌时保护自己的能力就可以让案主减少受到校园欺凌。从案主能力优势方面来看，案主作为一名初中生，心智逐步趋于成熟，具有一定的思考能力、理性认知能力和较强的学习能力，可塑性较强，这为引导案主面对和解决问题奠定了基础。

## 四、服务计划

### 1. 学校层面

（1）建立领导小组。

在校建立一个由"学校德育主任 + 青少年社工 + 心理教师 + 班主任 + 骨干家长 + 领袖学生"组成的反校园欺凌专项教育领导小组，定期召开会议，向重点高危对象（欺凌者与被欺凌者）提供介入服务，预防欺凌事件的发生。

（2）制定政策、机制和原则。

在社工的带领下，学校制定校园欺凌的预防政策、处理机制以及处理原则，而且全校总动员推行综合性的反欺凌服务。

（3）开展宣传活动。

在与社工的商定下，学校开展了班会活动、校园预防欺凌宣传活动，比如生命教育、情绪管理、冲突处理、自信心训练及社交技巧训练等，帮助学生远离校园欺凌；同时学校也举办了全校性的预防活动，营造和谐校园氛围。

### 2. 教师及家长层面

社工开展反欺凌的培训并成立工作坊，提升教师及家长对欺凌问题的了解和处理技巧，遏制校园欺凌行为的发生。

### 3. 学生层面

针对被欺凌者，社工推行小组训练，比如自信心提升小组、防欺凌志愿服务小组，培养他们坚强的性格；针对欺凌者，推行情绪管理及愤怒抑制小组，协助他们明白欺凌行为对被欺凌者造成的影响，帮助他们建立同理心及合理的情绪调适方式；同时，部分学生成为校园和谐大使及朋辈调解员，协助社工及教师以理性的方式处理同学之间的纠纷。

### 4. 针对案主个人层面

（1）开展班级活动。

在案主班级开展一场新生预防校园欺凌活动，提供一个安全、尊重、平等的互动平台，增强案主与班级同学之间的互动，鼓励案主认识新朋友，增强其朋辈支持。

（2）开展小组活动。

邀请案主参加预防校园欺凌小组活动，提升案主对校园欺凌的预防意识。

（3）开展宣传活动。

邀请案主作为志愿者参加预防校园欺凌宣传活动，将在小组活动中学习到的知识宣传给其他同学，让同学们正确认识校园欺凌的危害，倡导和谐友爱的校园氛围。

（4）开展个案辅导。

为案主开展个案辅导，关注案主在校学习生活情况，评估案主的困境与需求，设计案主个人辅导方案，在个案辅导过程中社工带领其进行模拟人际交往情景练习。

## 五、服务过程

### 1. 开展新生入学适应活动

2019 年 10 月 16 日，社工联动社区党支部在职党员在案主班级开展"跟随党步伐，凝聚心感悟"新生入学适应活动，由在职党员志愿者带着案主在班级开展活动，促进案主更好地融入班级中。服务过程中，社工观察到有同学主动跟案主交流，案主在社工鼓励下也开始尝试与同学们交流互动。

### 2. 开展青少年防欺凌小组活动

2019 年 10 月 30 日，社工在校开展"携手积友情，校园靠文明"青少年防欺凌小组活动，并邀请案主参加。小组活动过程中，组员无一人取笑案主因病而畸形的面容，而是跟社工一起鼓励案主多与人交流。案主从不说话到愿意说话，主动向社工和组员表达自己的真实感受。

### 3. 开展预防校园欺凌宣传教育活动

2019 年 12 月 11 日，社工在校开展"学子文明风，校园新气象"预防校园欺凌宣传教育活动，邀请案主作为学生志愿者参与到活动中。虽然面对陌生的同学时还是有一些胆怯，但在朋辈的鼓励下，案主大胆地向同学们介绍预防校园欺凌的知识。

### 4. 开展个案辅导工作

社工在此期间开展一对一个案辅导，结合优势视角理论，关注案主的自身能力和案主环境中的优势资源，提升案主人际交往的能力以及被欺凌时保护自己的能力，以减少其受到校园欺凌的可能。

## 六、服务成效

社工在跟进过程中结合欺凌者、被欺凌者、旁观者、教师等多方，积极联动去解决欺凌问题，开展一对一个案辅导、主题班级活动、小组活动、学校宣传活动，从微观、中观、宏观等不同方面帮助了案主。

### 1. 微观层面

社工与案主一对一面谈，案主跟社工分享自己在班级里的情况。社工第一次接触案主时让案主进行自我评分，0分为最低分，10分为最高分，案主第一次自我评分为0分。社工介入后，第二次面谈其自我评分为2分。经过服务后，第三次评分案主给自己评了8分。案主表示，在班级活动后同桌主动跟自己讲话，班级上的个别男生也不会像以前那样叫自己的"花名"，周末放假还有同学邀请她一起外出玩耍，案主觉得自己在学校不再孤单，比以前开心了许多。

### 2. 中观层面

社工积极邀请案主参加小组活动，搭建了一个让案主有"安全感"的人际交往互动平台，让案主感受到被人尊重，并通过组员间的互动和社工的鼓励，不断正效能地加强案主的自信心，构建案主在校朋辈支持网络。

### 3. 宏观层面

社工联动学校开展预防校园欺凌宣传教育活动，从宏观上搭建了预防及处理校园欺凌的支持网络和机制，营造校园和谐氛围。

## 七、总结反思

校园欺凌行为产生的原因比较复杂，其中个性特征、心理特质、认知偏差、同伴群体间的社交技巧等内在的因素是主要原因，教师的教学方式、学校的教育制度等学校因素是次要原因。因此，关注个体内在原因，预防或制止最易发生的言语欺凌行为和最受重视的肢体欺凌行为是重点，结合学校教师及社工的支持和配合，才能找到有效的策略预防或制止校园欺凌行为。

社工通过学校、教师、学生三方，从预防、发展、处理三个层面推进，在宏观上搭建了预防及处理校园欺凌的支持网络和机制，在校开展预防校园欺凌宣传教育活动，营造校园和谐氛围，协助案主重拾笑容。

在本服务跟进过程中，社工反思到并没有专门针对家庭进行介入，下次遇到这类案例可结合家庭系统介入，家长的正向指引和鼓励会让案主获得更多支持。

### 点评：

防治校园欺凌已成为学校工作中的艰巨任务之一。校园欺凌越来越普遍，但社区、学校及家庭往往束手无策。这个案例带给我们的启示，就是如何通过全面校园介入，采用不同的工作手法培养学生对校园欺凌的预防意识，建立对校园欺凌的正确处理方法。此外，可建立一个由"学校德育主任＋青少年社工＋心理教师＋班主任＋骨干家长＋领袖学生"组成的反校园欺凌专项教育领导小组，定期召开会议，向重点高危对象（欺凌者与被欺凌者）提供介入服务，预防欺凌事件的出现。因此这个案例实际上说明的是如何通过动员及改变服务对象的学校系统来加强对被欺凌学生的全面支持及照顾。整个项目对学校而言是机构赋权（organizational empowerment）。相类似的模型应该在学校工作当中互相参考及推广。

（香港浸会大学社会工作学系讲师　李玉仪）

# 成为孤岛的少年
## ——抗逆力视角下农村辍学青少年干预研究

何如露

## 一、服务背景

### 1. 基本资料

案主男，15岁，就读初中二年级，在校期间曾多次出现迟到、不交作业、打架等情况，多次被学校"请家长"，这次因辱骂老师而由父亲办理退学。因父母离异，案主从小由爷爷奶奶抚养长大，与父亲的关系疏离且紧张，与母亲现在已经没有任何联系。

### 2. 个案来源

社工在驻校时，学校年级主任将案主转介过来。

### 3. 案例背景

案主出生于农村普通家庭，父母离异，自小由爷爷奶奶抚养长大。在农村，留守儿童面临着家庭教育缺失的问题，案主也不例外。父母离异的案主，在校受到同学的排挤，并且由于经常违反校纪校规而让老师不信任，渐渐地他走上了辍学的道路。根据案主自诉，这次退学是由他父亲帮他办理的，也正是因为如此，他们的亲子关系更为紧张。他父亲曾多次对案主说过"你这样子，我不想管你了，你出去做乞丐，死在外面我都不会帮你收尸"之类的话。这让案主很伤心。而案主的父亲和奶奶则表示，案主经常做出的一些行为，如打架、违反校纪校规、离家出走等，也让他们十分失望和痛心。经过与案主及其家人沟通，社工总结出案主目前面临的主要是三个方面的问题：是否选择重返校园、不良行为如何矫正、亲子关系如何改善。

### 4. 家庭关系

案主的父母在他6岁的时候离异，案主从小由爷爷奶奶抚养长大，与他们的关系亲密，也非常孝顺爷爷奶奶。案主的父亲常年在外工作，无暇照顾案主，对案主的管教属于专制型。父子俩常常是暴力沟通，案主与父亲的关系疏离且紧张。母亲自从离异后就再也没有管过案主，案主在一次又一次的"无人接听"中失望、麻木。案主从小缺乏父母的关爱，在小学阶段经常打架，甚至有过两次自杀行为（跳楼未果、跳塘被伯父劝阻）。案主表示实施这些行为是希望引起父亲的注意，让他多关心自己。

5. **朋辈关系**

案主的成长过程中缺少朋辈支持。由于从小父母离异，案主从读小学开始就经常被同学嘲笑没有妈妈，案主经常为此与同学争辩、打架，和周围的朋辈难以融洽相处。案主唯一的朋友是自己的表弟，表弟从初一开始就辍学在家，他们的交往大多是关于游戏的。在案主心情非常低落时，表弟也无法给予案主聆听和支持。

## 二、需求评估

（1）案主想要改变自己的行为，继续完成学业，与父亲和平相处。

（2）案主很希望获得父亲的理解和关爱，所以经常做一些过激行为来引起父亲的关注，如打架、跳楼、跳河等。

（3）由于父母在他 6 岁时就离异，案主从小就没有得到父母的关爱与陪伴，所以更加渴望得到父亲的关爱。

（4）需要父亲的正向管教和支持，以引导其行为和人生的发展轨迹。

从案主及其家人的需求来看，案主目前最迫切需要满足的是解决学习困扰，其次是处理好个人情绪及行为，最后是亲子关系与沟通方面的改善。

## 三、理论依据：抗逆力理论

案主一直处于缺乏父母关爱的状态，父母极少给予他陪伴和有效的沟通，同时他还受到同学们的排挤与嘲讽。在这样的环境中，案主无法保持良好的心态去应对和处理，而是通过一些过激行为，如打架、跳楼等来引起父亲的关注。案主因困顿、痛苦而放任自我，无人引导案主找到处理问题的关键，因此需通过提升案主的抗逆力，协助案主解决问题。

1. **外在保护因子**

（1）案主处于缺乏关爱的环境。案主的父母离异，无时间管教与陪伴，在案主的成长过程中无法给予持续的关心和支持。因此，需要从案主的家庭开始介入，加强案主的家庭支持，改变案主与父亲之间的沟通模式。

（2）案主缺乏积极的渴望。案主在校总是违反校纪校规，让老师和家人都对他失望，没有人能够给予他积极的期望，因此社工需要结合案主的优势，给予案主更多的鼓励和肯定。

（3）案主缺乏有意义的参与机会。案主在学校没有机会参与校园活动，不能借此承担责任、做出贡献并获得肯定。虽然案主在家庭中会承担起家庭成员的责任，例如经常帮助爷爷奶奶做家务、干农活，但是得不到父亲的肯定和赞扬，这一角色的责任感和成就感并没有得到体现。案主希望通过与家人、老师沟通获得肯定和支持，在参与社会活动的过程中丰富日常生活、收获成就感等。

**2. 内在保护因子**

（1）在社会胜任力方面，案主与家人、朋辈的交流能力较弱，主动关心、解决问题的能力较弱。需要鼓励案主与父亲积极沟通，改变沟通模式，尝试改变自己的冲动行为，提升自己与他人正向交流的能力。

（2）在自尊与自主方面，案主的自我效能感较低。由于原生家庭与成长环境的影响，案主没有安全感，总是通过打架等过激行为维护自尊。案主有一定的自知力，明白自己的过激行为是为了获得父亲的关注。通过与案主分析原因，帮助案主找到更合适的解决方式，逐渐提升案主处理问题的能力，从而使其获得内心的平衡，提升自我效能感。

（3）在目标感与期待方面，案主目前没有明确的目标，对生活抱着一种得过且过的态度。需要协助案主分析目前的状况和未来的规划，并获得家人的正向支持，提升案主对生活的渴望和对未来的期望。

## 四、服务目标

（1）协助案主理清学业方面的困扰，协助其梳理决定是否继续上学。

（2）协助案主学会正向处理自己的情绪，改正打架、违反校规等不良行为。

（3）协助改善案主与父亲之间的沟通模式，减少暴力沟通。

## 五、服务计划

（1）建立专业的服务关系，获得案主及其家人的信任。

（2）与案主家人一起协助案主理清目前的状态，以及对未来的展望。

（3）协助案主与父亲进行有效的沟通，分析他们的沟通模式的利弊，从而做出调整。

（4）通过社工站的平台增加案主与朋辈交往的机会，使其获得能力提升，增强自我效能感。

（5）为案主提供社会参与的平台，使案主主动关心家人、朋友，提高解决问题的能力。

## 六、服务过程

### 1. 第一阶段

服务目标：了解案主需求，建立专业关系。

主要内容：通过谈话了解到案主的三个需求：解决学业方面的困扰；处理好个人情绪和行为；改善与父亲的亲子关系。

案主的性格特点：案主其实很懂事、很孝顺，会主动帮社工开门、拿凳子、倒水、送社工出门，帮助奶奶干农活、做饭等。

社工的策略：在谈话过程中，社工采用专注、聆听的技巧，做到同感案主，真诚地为案主分析，让案主画出个人成长经历图，并据此了解案主的经历和感受。这一方式能够比较完整地收集案主的信息、问题和需求，同时也让案主对社工服务有了初步的了解，开始信任社工。

### 2. 第二阶段

服务目标：与案主父亲联系并反馈案主情况，了解案主父亲对案主的看法。

主要内容：在与案主父亲电话会谈时，社工感受到他是一个讲道理的人。案主父亲很在意案主在学校的情况，但是案主每次做出的事情总是令人失望，久而久之案主父亲就对案主失去了耐心和信任。案主父亲也表示自己这些年来忙于工作，没有顾及家庭，很少陪伴儿子，导致与儿子沟通困难，并对社工开展的工作表示支持和感谢。由此可见，案主父亲很关心案主，并意识到自己与案主之间缺乏有效的沟通和交流，对社工所做的事也表示肯定和支持，愿意接下来与社工一起探讨关于案主的事情。

### 3. 第三阶段

服务目标：协助案主梳理学业困扰，并决定是否选择继续读书。

主要内容：社工在前期与案主建立了专业关系，获得了案主的信任。经过一系列的引导与铺垫，社工了解到案主想要回自己的手机，只要父亲把手机还给他，他就愿意和父亲沟通、愿意去上学。案主表示平时会用手机上网聊天、打游戏、看动漫等，但也只是在放学之后玩，上学就把手机交给奶奶保管。社工和案主一起制订了"跟我爸和好"的谈话计划，约定下次把奶奶、爸爸和社工聚在一起谈话，并协助案主梳理下一次面谈想要对爸爸和奶奶说的话，将其列在纸上，让案主提前思考如何去表达。

### 4. 第四阶段

服务目标：与案主家人一起协助案主理清目前的状态，以及对未来的展望。

主要内容：为了避免谈话时发言者被中途打断，社工提前与案主及其家人约定好谈话规则：本次会谈采取轮流发言的方式，参会人员不得中途随意打断别人的发言。并将大家发言的重点列在黑板上，让案主及其父亲能够充分表达自我想法，耐心聆听彼此需求，以此增进双方的沟通。对于学习方面的困扰，案主与父亲达成了一致，就是回校继续读书，至少要读到初中毕业。如果案主的成绩不能够上高中，可以去读中专；如果初中毕业后确实不愿再读书，也可以跟案主的父亲学习营销。在会谈的过程中，案主的父亲表达出对案主的关心、期待和歉意，案主感受到了，虽然没有明显的回应，但这是一个很好的开始。同时，社工也进一步了解到案主的家庭情况和支持系统是比较强的，家人们都非常关心他的身心健康。社工帮助案主分析情况后，对于案主接下来的打算，充分尊重其自决。

### 5. 第五阶段

服务目标：通过模拟训练，提升案主与家人沟通的能力。

主要内容：引导案主表达希望与父亲之间采取民主的沟通方式，希望父亲能够认真聆听自己的想法，尊重自己的决定，信任自己，不要一味地否定。在社工的建议和引导下，案主进行了父子沟通模拟训练，以此让案主发现及反思自身的问题并做出改变，同时也增强了其与父亲沟通的底气和自信心，提升了沟通能力。

### 6. 第六阶段

服务目标：通过与案主在学校面谈、邀请案主参与学校社工站活动等方式，改善案主的行为和情绪表达方式。

主要内容：每周二社工驻校期间，学校社工站开展的所有活动都邀请案主参加。经过两个月的参与，案主在这些活动中的表现越来越好。从一开始不懂得尊重他人到现在能够协助社工管理学校社工站，案主在这个过程中获得了有意义的参与机会。经过社工的不断认可和鼓励，案主在活动中充当的角色也越来越正向，与朋辈交往沟通的能力也不断提升。

### 7. 第七阶段

服务目标：回顾每一阶段的努力和成果，巩固成效，鼓励案主继续坚持。

主要内容：社工与案主回顾了个案历程，从其辍学在家与父亲关系紧张，心情很差、脾气暴躁，到现在选择回归校园继续读书，在校的表现也越来越好，与父亲的关系也逐步改善，越来越善于控制情绪，还交到了几个新朋友。案主表示自己的脾气比以前平和多了，与同学的关系也改善了很多。社工为案主做出改变并意识到自己的改变而感到欣慰，鼓励案主继续保持。

## 七、服务成效

在个案服务过程中，社工与案主建立专业关系，获得案主及其家人的信任与支持。通过与案主本人、案主父亲、案主奶奶等人沟通，协助案主达成了个案目标：改善行为习惯，决定是否继续就学，改善案主与父亲的关系。目前，案主能够做到遵守校纪校规，努力规范自己的行为，能够理解父亲，和父亲好好沟通。在个案服务过程中，社工和案主家人给予案主的鼓励和肯定非常有效；社工与案主父亲沟通，建议其多鼓励和肯定案主，效果较好。

案主通过社工站的活动认识到了新朋友，发展了新的人际关系，获得了同伴的支持，提升了案主的自我效能感；通过参与管理学校社工站，感受到了自己的价值，在管理的过程中逐渐提升了处理问题的能力，从而获得了内心的平衡，提升了自我效能感。

## 八、总结反思

通过本次辍学青少年个案的介入，社工获得了很多宝贵的经验。在介入前，我们对案主辍学的原因进行深入分析，从案主的家庭、学校及朋辈关系等重要"他人"环境综合分析案主个人因素与环境因素的影响占比，从而采取相应的措施介入案主的家庭，改善案主家庭的沟通方式，提升案主想要获得家人正向支持的动力。在学校层面，我们通过访谈了解案主在校期间的情况，在案主返校后通过驻校社工站为案主提供与朋辈群体交流互动的平台。在两个月的时间里，案主在获得朋辈交际的同时也提升了自我效能感，逐步回归正常的校园生活。总的来说，本次个案工作是通过改善案主家庭沟通与在校朋辈交际情况，推动案主重新返校、返校后坚持上学，再通过社工的鼓励、家人的支持、朋辈群体的认可调动案主的内在动力，让案主巩固成效，持续改善。

## 点评：

本个案中社工能把握初次接触案主的机会，和案主建立良好的关系，得到了案主信任，因此案主对社工的建议比较接纳。社工为案主建立了一个正向成长的环境，特别是动员了同学及社工站的资源，让案主能在这个正向环境当中发挥个人长处并激发潜能，建立良好的支持网络，这是成功的关键所在！整个个案的处理也能够看出社工的工作技巧比较纯熟，介入的方向亦非常明确，因此能够取得较好的成效。建议社工在个案评估部分可考虑使用家庭结构模式作为分析的框架，或用社会心理研究（psychosocial study）的方式进行评估及交流，并加入家庭图，这对于家庭个案的分析能有进一步的系统展示。

（香港浸会大学社会工作学系讲师　李玉仪）

# 多元智能理论下儿童青少年艺术教育研究
## ——以 Z 街家综"送艺术下乡"暑期 公益夏令营项目为例

### 一、项目背景

Z 街位于 ZC 区中部，属于典型的城乡接合部，所辖村居分为三种社区形态：一是纯农村社区形态，村里较多的是留守老人、留守妇女及儿童青少年；二是农转居社区形态；三是非完全城市社区形态。由于 Z 街是在城市化进程中快速发展起来的街道，城市公共设施、文化设施建设相对落后，辖区内儿童青少年日常生活比较单一，艺术教育及艺术实践资源相对匮乏。

Z 街辖区内有 1 所中学、5 所小学，在校学生共 3 196 人。其中，有 634 人是外来工子女，籍贯以四川、广西、江西、湖南、贵州居多。他们大多从小跟随父母来到 Z 街，甚至有的是在 Z 街出生。由于 Z 街绝大部分是农村社区，家长对儿童青少年的艺术教育关注度不足，缺乏经济支持，儿童青少年的艺术教育相对匮乏，艺术实践不足。接触艺术、感受艺术、学习艺术，是 Z 街广大儿童青少年的普遍需求。

### 二、理论框架：多元智能理论

多元智能理论认为，人的智能不是单一的，而是多元的，每个人与生俱来都拥有七种以上既各自独立存在又相互联系的智能（能力）。现有的教育体系更加注重考试分数，很多人都以分数高低衡量儿童青少年的发展水平。而以多元智能的观点来看儿童青少年的发展，其实每个个体都有自己的天赋，也有属于自己的兴趣。加德纳认为，构成智力者乃是以下七种能力：一是语文能力，包括说话、阅读、书写的能力；二是数量能力，包括数字运算与逻辑思考的能力；三是空间能力，包括认识环境、辨别方向的能力；四是音乐能力，包括辨识声音与表达韵律的能力；五是运动能力，包括支配肢体以完成精密作业的能力；六是社交能力，包括与人交往且和睦相处的能力；七是自知能力，包括认识自己并选择自己的生活方向的能力。

根据多元智能理论，"送艺术下乡"暑期公益夏令营设置了唱歌、跳舞、画画、手工等儿童青少年感兴趣的活动及小组，让他们零距离接触艺术，更多地了解自己的能力和特质，采用多元智能的方式激发他们的潜能，弥补学校教育的不足。

## 三、项目目标

通过"送艺术下乡"暑期公益夏令营活动，让社区儿童青少年零距离接触多元艺术，结合家庭综合服务中心（以下简称家综）恒常服务，探索搭建社区儿童青少年身心全面发展的专业服务体系。

## 四、组织实施过程

### 1. 夏令营准备

2015 年上半年，家综与广东女子职业技术学院签订合作协议，由学院派出文化艺术系专业学生，结合学校暑期"三下乡"安排，于当年暑假在 Z 街家综开展"送艺术下乡"公益夏令营项目。

（1）家综青少年领域统筹。

家综青少年领域统筹家庭、青少年、外来工、长者、义工、残障等领域，根据社区儿童青少年需求及 2014 年暑期的工作经验，初步制订暑期活动方案。同时，与广东女子职业技术学院文化艺术系对接，共同制订与完善夏令营活动方案。

（2）广东女子职业技术学院给予支持。

2015 年广东女子职业技术学院共派出文化艺术系 9 名大学生、1 名社会工作专业骨干带队教师，以青少年领域社工为主，有需要时全体社工联动，于当年 7 月 19 日到 8 月 7 日在家综开展公益夏令营活动。

2016 年广东女子职业技术学院共派出文化艺术系及社工专业 17 名大学生、1 名社会工作专业骨干带队教师，家综社工联动，于当年 7 月 10 日到 7 月 30 日开展公益夏令营活动。2016 年的夏令营还走出家综，走进偏远农村社区 L 村，让孩子们零距离接触艺术的同时，还参与农村民俗文化建设。

### 2. 宣传招募

夏令营活动方案确定之后，线上通过家综微信群、QQ 群发布夏令营活动预告；线下在家综张贴夏令营预告，印制夏令营活动小册子，除在家综陈列宣传册、在各领域服务时协助派发宣传册以外，还专门到居民聚集的广场设置摊位宣传。

### 3. 5 大类 25 项服务，保证项目实施丰富多彩

通过整合社区各项资源，为社区儿童青少年提供了一个学习成长的平台，进一步促进儿童青少年发展潜能，参与社区发展，提升社会责任感。

尤其需要提及的是，2016 年暑期公益夏令营还将艺术服务送到偏远的农村社区 L 村，组建了"变废为宝"手工 DIY 创意小组，在 L 村老人活动中心开展了以"弘扬民俗文化，保育本土风俗"为主题的长者茶话会和以"走进历史，展望未来"为主题的儿童青少年社区活动。口述历史，回顾社区的共同记忆，记录小人物的故事，使得历史的"重塑"更加形象和真实，并在口述中进行文化传承保护教育，提高儿童青少年保护民俗文化的意识。

## 五、项目成效

### 1. 开创"社工 + 艺术专业大学生"的社会工作专业服务模式

送艺术下乡离不开艺术专业人士，家综联合广东女子职业技术学院，由大学派出文化艺术系专业学生，探索了"社工 + 艺术专业大学生"的社会工作专业服务模式。在夏令营开始前，家综青少年领域统筹家庭、青少年、外来工、长者、义工、残障等领域，根据社区儿童青少年需求及 2014 年暑期的工作经验，初步制订暑期活动方案，并与广东女子职业技术学院文化艺术系对接，共同制订与完善夏令营活动方案。与此同时，广东女子职业技术学院文化艺术系由社会工作专业骨干教师带队，学院宣传、招募支教大学生组建支教团队作为志愿者；家综以青少年领域社工为主，有需要时全体社工联动，同时为夏令营提供活动经费，在家综开展公益夏令营活动。

### 2. 丰富农村儿童青少年暑期生活，提升其艺术修养

"送艺术下乡"暑期公益夏令营丰富了农村儿童青少年的暑期生活，提供了零距离接触艺术的平台，提升了社区儿童青少年的艺术修养。根据社区儿童青少年及其家庭在暑假期间的需求，家综结合暑期开闭幕仪式以及文艺表演晚会，为社区儿童青少年搭设了一个自由自在的表演舞台，创设了一个让他们自由施展艺术才华的环境。文艺表演活动是儿童青少年自主参与艺术的实践活动，从创、编、排、演、主持都以儿童青少年为主，社工及支教团队或义工只是他们的"艺友"和"帮手"。儿童青少年在晚会上，载歌载舞尽情欢唱，写字作画工艺创作，用自己的歌声、笔墨描绘自己的学习生活。他们情绪高涨，天性自然流露，个性充分张扬，会因表演精彩而高声欢呼，也会激动得手舞足蹈。大型晚会活动增强了儿童青少年的主体意识，寓教于艺，深受大家欢迎。

兴趣小组的开展，不仅为身处城乡接合部的小朋友提供了培养兴趣特长的平

台，为他们艺术修养的提升奠定了基础，同时也为他们各方面能力（如人际交往、动手能力等）的提升做了铺垫。如参加过音乐、舞蹈小组的熊丽告诉社工，"我学会了两支舞，还会唱两首新歌，我很开心，我好喜欢和我一起唱歌的同学（即组员）"；参加音乐、舞蹈小组的嘉宝告诉社工，"因为参加这个夏令营，我玩得很开心"；还有一位妈妈告诉社工，"我和女儿在学习制作寿司时我发现她做得特别认真，动手能力提高了很多，我看她唱歌的时候和别的小朋友互动得特别好"。

**3. 促进儿童青少年朋辈之间沟通融合、家庭亲子互动交流**

通过参加各兴趣小组，参与成长类、亲子类、义工类等系列活动，夏令营成员在活动中结识了一些新朋友，从陌生到熟悉，扩大了交际圈，朋辈之间的沟通融合有利于他们的自我正向改变；通过参加亲子趣味运动会、DIY美食亲子小组等活动，亲子互动交流得到了改善。

**4. 促进儿童青少年了解社区，培养社会责任感**

通过义工探访、社区历奇、口述历史等系列活动，夏令营成员了解了本土的祠堂文化、社区中比较有名的文化古迹或建筑、有趣好玩的社区空间、有故事的社区居民，增强了对社区的了解和归属感。

在此基础上发展起来的3个儿童青少年常规社团成长为骨干义工队，47名儿童青少年骨干义工在社区服务活动中提升了社会责任感，并进一步营造了社区志愿服务的氛围。

**5. 公益夏令营服务品牌逐渐形成**

暑期夏令营陪伴Z街社区儿童青少年度过了一个安全、充实而有意义的暑假，他们除了接触艺术之外，还学会了团队合作、沟通技巧和一些其他技能，并且对社工及义工的工作有了更进一步的了解。参加夏令营的社区儿童青少年对公益夏令营的满意率达到100%。"送艺术下乡"公益夏令营项目满足了农村儿童青少年的艺术渴求，受到光明日报网、中国社会报等主流媒体的关注，公益夏令营服务品牌逐渐形成。

**6. 构建"兴趣培养—智能提升—良好品格养成"儿童青少年全面发展社会工作服务体系**

1948年，建筑大师梁思成先生在清华大学任教时以"走出半个人的时代"为题，提出了"半个人"的概念，呼吁清华人、国人乃至国外的人们要走出"半个人"的时代。时至今日，我们仍面临着"半个人"问题。本来国家教育方针是要求学生德智体美劳全面发展，但是在从小学到高中的学校教育中，应试教育问题依然严重。在教师、家长乃至学生中，把分数看得至高无上的现象还相当普遍。

　　家综利用学校社工站、"雏鹰成长430课堂"、周末舞蹈兴趣班等恒常服务，提升社区儿童青少年的学习成绩，培养他们的学习习惯和时间管理能力；将义工服务和社区实践巧妙融进社会工作服务设计中，从夏令营服务延伸至日常服务，探索搭建兴趣培养—智能提升—良好品格养成的儿童青少年身心灵全面发展的社会工作服务体系。

　　从2016年下半年开始，家综在"雏鹰成长430课堂"、学校社工站、暑期夏令营的基础上进行兴趣培养—智能提升—良好品格养成的儿童青少年身心灵全面发展的社会工作服务体系探索。现在"雏鹰成长430课堂"的操作是学生签到满5次就可以得到一枚印章，在每月月末便可用印章换取奖品。在此基础上开设"品格银行"，将之前的操作体系化：为每位参加"雏鹰成长430课堂"、学校社工站和暑期夏令营的学生准备一本品格存折本（印有姓名、班别、兴趣爱好、期望、参与规则、印章记录、学员表现记录、学员感受、家长期望与感受、社工期望与鼓励等栏目），每月定一个品格主题（如好奇心、注意力、学习习惯、努力、坚毅、社会责任等），每个月品格训练结束后，根据学员的印章数量推选出课堂"××小明星"进行表彰奖励。同时设置行长、出纳专员、会计专员、观察员等职位组成服务小组，形成学员自组织的模式，实现学员的自助与互助。如下图所示。

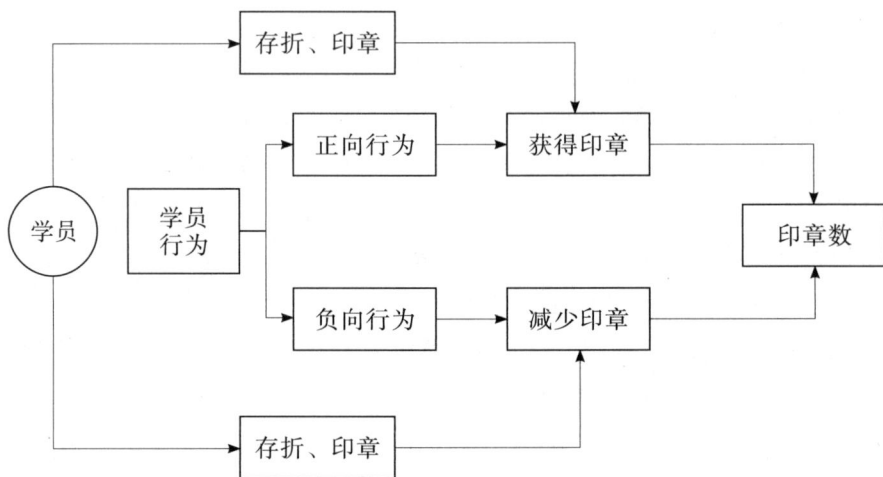

"品格银行"操作流程图

## 六、项目不足与反思

### 1. 服务面还有待扩展

虽然本项目面向 Z 街辖区内的儿童青少年，但是服务的参加者多来自家综附近的 Z 社区、Z 村，因此项目还有待于扩展到其他村落，以让更多的儿童青少年接受到艺术服务。

### 2. 艺术学习有待进一步深化

经过两年的"送艺术下乡"暑期公益夏令营的开展，社区儿童青少年在唱歌、跳舞、画画、街舞、手工等方面的艺术才能得到了一定提升，但是在艺术学习的时长和深度方面还需进一步拓展。

## 点评：

多元智能在儿童青少年的人生发展阶段当中扮演着重要的角色。根据刘政宏（2002）的研究，学生的自我价值与学业表现有正相关，然而，学业表现单靠笔试作评估，对部分不善书写的学生并不公平。若采用多元智能教学，不仅能激发他们各方面的潜能，让拥有不同能力的学生有发挥才能的空间，也使每一个学生在多种智能上得到均衡的发展。从文中可以看到社工开展相关的项目已经非常有经验，整个项目设计能够带动整个社区不同人士参与，锻炼了儿童青少年的能力，进一步加强了社区营造，有助和谐社会的建设。此外，项目亦动员了社区不同层次的资源投入与参与，因此实际上是一个社区的标志及品牌。建议可以就整个项目的培训数据作进一步的整理以及深化，再加入评估的指标，制作成教材在其他地区进一步推广，使更多服务对象受益。

（香港浸会大学社会工作学系讲师　李玉仪）

# 青春期人际交往的困局

江楚瑶

## 一、服务背景

### 1. 基本资料

案主 20 岁，单亲，精神障碍患者，毕业于 ZC 高级中学，2019 年 9 月即将升大一。案主性格偏执，对于学习成绩特别执着，未达到理想的学习成绩对案主打击很大，导致案主心理承受能力下降，高三时曾发病入院，发病时会出现反应迟钝、呆滞、注意力不集中等。父母从小离异，案主跟随母亲生活，从小缺少父爱。

从高中发病起，案主朋辈支持网络变差，当在学习上感到压力或者在生活上遇到挫折时，连能够倾诉的朋友都没有，在学校也没有同学愿意与案主成为朋友，实际上案主高中三年都没有获得一份真正的友谊。案主内心感到孤独，渴望得到友谊。但在集体中，案主与同学相处有隔阂，心理存在交友障碍，不懂得如何处理人际关系。与人聊天时案主显得不知所措，努力尝试发展的友谊也往往得不到回应，所以案主成为同学眼中的 "异类"，显得格格不入。

因为案主病情的缘故，同学们更加有意无意地避开案主，班级集会也不会主动通知案主参加或询问案主意愿。得不到同学的理解和接纳，对案主内心造成了二次伤害，让原本就已经没有朋友的她更加减少了与同学交往的机会。

### 2. 个案来源

自案主高三出院后，案主母亲因担心其病情再次恶化，便搬到了案主学校附近居住，舍弃工作与交际，开始全心全意地照顾案主，包括案主的一日三餐和服药情况。高考结束后，案主一直在家，当其母亲得知体育运动可能对案主的病情有所帮助后，便经常与案主一起到小区的绿道跑步。但由于缺少交友的途径，朋辈支持网络一直得不到改善，无奈之下，案主母亲通过精康社工转介来到社工站求助。

## 二、问题分析

### 1. 朋辈支持网络差

案主朋辈支持网络差，高中三年都没有朋友，即将步入大学。案主母亲担心案主的社交问题，希望社工引导其走出心理障碍，参与社区活动，重拾信心，增强其人际交往技巧。

### 2. 升学压力

案主患有精神障碍，面对升学有一定的心理忧虑。社工需要向案主分享大学生活的例子，让案主做好充足的准备，了解在入学后可能遇到的交友问题，协助案主一起解决，减少案主的紧张感。

## 三、理论依据

### 1. 社会支持理论

社会支持理论认为社会工作需要从个人和社区不同的层面对服务对象的社会支持网络进行评估，从而拟定工作计划。正是从这个角度看，社会工作的任务一方面是帮助服务对象运用网络中的资源解决基本问题；另一方面是帮助服务对象弥补和拓展其社会支持网络，使他们提升建立和运用社会支持网络的能力，从而达到助人自助的目的。

### 2. 应用分析

在本案中，社工可以通过引导案主参与社区服务，从中感受鼓励以及情绪上的支持，增强案主的社会支持网络，改变案主现在的朋辈支持网络状态，协助案主提前了解即将面临的大学生活，促使案主习得人际交往的技巧，让案主能够在心理或精神上感受到支持和鼓励，从而预防及减少危机的发生。

## 四、服务目标

（1）提升案主的人际交往能力，交到 1~2 名朋友。
（2）协助案主适应即将面对的大学生活，减轻心理压力。

## 五、服务计划

（1）与案主见面，了解案主目前的生活及精神状态，通过微信或面谈与案主互动，建立良好的专业关系。
（2）与案主分享大学生活情况，例如参加学生会、兼职打工等。
（3）与案主分享精神疾病知识，引导案主正确看待自己的病情，鼓励案主继续服药。
（4）与案主讨论在大学中希望参与什么社团，或如何准备自我介绍等。

（5）邀请案主来中心参与志愿活动，与人们接触，介绍服务，与他人聊天，帮助案主更为自然地与他人相处。

（6）评估案主人际交往改善情况，考虑结案。

## 六、干预过程

**1．第一次会谈：建立专业关系**

（1）会谈目的：评估案主需求，了解案主目前的生活及精神状态，建立良好的专业关系。

（2）会谈内容：社工初步了解案主的家庭情况，以及服务需求。案主表示交友时容易感到对方不易相处，或者找不到共同的话题，害怕聊天的时候场面会很尴尬，所以一直都没有什么朋友，但希望在面对新环境的情况下能够与陌生同学结交为朋友。

（3）本次服务情况总体评估及分析：本次会谈社工与案主初步建立了关系，收集到案主的基本信息，了解了案主现在的生活及身体状况，案主向社工表述了自己的需求，社工根据案主的情况进行了评估。

**2．第二次会谈：畅想大学生活**

（1）会谈目的：与案主分享大学生活情况，例如参加学生会、兼职打工。

（2）会谈内容：社工向案主分享了一些大学时候的经历，推荐案主在网上搜索关于大学经验的分享，比如人际交往的案例和技巧等，在课余时间可以选择勤工俭学，或者是给未来三年的自己订立一个大目标，例如在开学后选择一个自己喜欢的社团，积极参加学校的活动等。案主表示未曾设想过未来的大学生活，但是听到社工的分享后还是满怀期待的，认为大学生活时间比较充裕，可以做自己喜欢的事情，并给自己订立了加入计算机协会的目标。

（3）本次服务情况总体评估及分析：案主对于社工分享的大学生活很感兴趣，希望社工能够多说一些，表明案主对大学生活很向往，但可能存在恐惧与人交际的心理，比如如何在与他人交际时打开话题。在下一次会谈中需要社工与案主一起进行场景模拟，以减轻案主对于交际的恐惧感。社工要继续鼓励案主坚持遵医嘱服药，同时建议案主在服药遇到不适时及时告知医生。

**3．第三次会谈：引导案主正视自身的精神问题**

（1）会谈目的：与案主分享精神疾病知识，引导案主正确看待自己的病情，鼓励案主继续服药。

（2）会谈内容：社工与案主分享一些曾经看到的精神障碍人士服药后持续正常生活的案例，向案主普及关于精神分裂症的知识，早期积极配合治疗对患者的好处，以及病情可能出现的症状等。社工提醒案主需要按时按量服药，定期门诊复查，不要有太大的心理负担，有不适可向医生反馈。根据案主的反馈，案主目前每日都会准时服药，并且会做些适当的运动，对于病情没有表现出太大的担忧。

（3）本次服务情况总体评估及分析：起初案主对于自身病情的特征只有粗略的了解，经过社工普及后，案主增进了对自身病情的了解。社工能够感受到案主对于自身病情没有太大的担忧，而是较为乐观地去看待。

**4．第四次会谈：如何融入大学生活**

（1）会谈目的：与案主讨论未来大学希望参与什么社团，或如何准备自我介绍等。

（2）会谈内容：社工在网上找了很多关于参与大学活动的例子，比如参与学生会、社团、校外兼职等，这些都有助于提升自我能力。案主表示对软件开发或者计算机方面的知识比较感兴趣，虽然还是"小白"，但是加入社团和其他校友讨论也是一种有趣之事，所以决定报名计算机社团。案主与社工一起参照大学生活与人际交往相关的文章制定了交往原则：第一，主动向别人问好并且介绍自己，主动记住他人的名字；第二，主动与他人分享、邀请别人同行；第三，主动称赞他人、帮助他人；第四，多用"谢谢、对不起、麻烦了"等礼貌用语；第五，避免问一些令人尴尬或难堪的问题，比如体重和身高，或者意识到的一些尴尬问题等；第六，耐心倾听他人意见、不随意插嘴。案主使用以上交友原则与社工进行了情景模拟。社工与案主约定，等到案主入校一个星期后再约案主见面，谈谈案主入校后遇到的交友困难，陪同案主一起解决问题。

（3）本次服务情况总体评估及分析：通过与社工分析学校社团活动，案主最终决定参加计算机社团，并准备了自我介绍的稿子。

**5．第五次会谈：邀请案主参加志愿活动**

（1）会谈目的：邀请案主来中心参与志愿活动，与人们接触，介绍服务，与他人聊天，帮助案主更为自然地与他人相处。

（2）会谈内容：社工站即将在9月7日举办中秋节月饼制作及慰问活动，社工打电话邀请案主参与。不巧，当天是大一新生开学日，案主与母亲已经到达学校整理开学的东西。案主告诉社工，开学前，有一名同学加了她的微信，也是打算转专业的。案主在微信上和这名同学聊得很不错，有共同的话题。案主还主动邀请该名同学一起打游戏，并打算近期约这名同学碰个面，相互认识。入学后，案主还与舍友一起吃饭。

（3）本次服务情况总体评估及分析：案主已顺利开始了大学生活，还在开学前结交了一名朋友，且开学后与舍友一起吃饭同行，人际交往情况有了很大的改善。接下来就等案主回家后再进行面谈，了解其在日常交际中是否遇到困难，并引导案主分析解决问题，以便更自然地与他人交往。

6. **第六次会谈：评估案主情况，考虑结案**

（1）会谈目的：评估案主人际交往改善情况，考虑结案。

（2）会谈内容：社工在微信上提前联系案主，告知案主本次见面的目的主要是评估案主人际交往改善的情况，结束对案主的服务。社工和案主、案主母亲分开面谈。案主告诉社工她目前加入了计算机社团，每天都和舍友一起打 UNO 牌，去计算机协会也认识了社团里的朋友。社团经常会组织一些活动，让大家一起参与，并没有遇到与人相处不来或者其他交友困难的问题。社工肯定了案主一直以来的表现，不管是在大学适应方面还是人际交往方面，社工只是做了协助和引导的工作，主要还是案主通过自己的努力而改变的。之前，案主自评人际交往能力差，为 4 分（按照困扰程度为 0~5 分，0 是最低分，5 是最高分），面对大学存在心理压力，为 4 分；现在，社工让案主根据自身心理情况及表现评分，案主说两项都评为 0 分，说明个案目标成效明显，可以结案处理。社工还就未来三年的大学生活，与案主进行了探讨，关于毕业后的选择、在校提升自己的技能等，案主都有了较清晰的想法。

社工在与案主母亲的面谈中了解到，案主母亲也感觉到案主现在的情况比以往好了很多。关于专升本的事情案主也与母亲聊过，但是案主母亲表示暂时不让案主参与学习压力太大的事情，希望案主能够多与人相处，多参与社会活动。案主目前仍然需要母亲慢慢引导。案主母亲在接受社工的建议后，逐渐减少了询问案主是否服药的次数，以避免引起案主的逆反心理。在案主情况逐渐稳定的同时，案主母亲也适当减少了提醒次数。

（3）本次服务情况总体评估：结合案主自身的表现，以及案主母亲对社工服务的满意度来评估，案主适应了大学生活，在大学中参与了社团活动，改善了人际交往，最终个案目标达成。案主逐渐融入大学生活，搭建了朋辈支持网络，人际交往有了很大改善。

## 七、服务过程总结

目前案主服药情况稳定，上大学后，与人交往方面有了很大的进步，比如主动参加计算机社团以及争取图书馆勤工俭学的名额。社工在接受个案过程中，一直鼓励案主勇敢与人交往，链接社工站资源为案主提供参与志愿服务的机会，与案主一起分析上大学即将面临的问题，提前准备自我介绍等，减轻案主对于入学的心理压力，改善了案主与人交往的能力。原本案主一个可以联系的同学和朋友都没有，目前案主已经能够正常地与人交往、接触，并与舍友结为好友，积极参加学校社团活动或者班级聚会活动等，促进与同学之间的感情。根据社工对案主的评估，并结合案主的表现和母亲对案主表现的肯定，个案已经达到了结案的标准。最终个案目标达成，顺利结案。

## 八、服务反思

在个案跟进过程中，案主主动积极的表现，是推动个案目标顺利达成的最大动力。社工根据案主的表现，不断肯定、鼓励案主，增强案主改变的动机。另外，社工还根据督导的建议，从网上找了一些关于人际交往的案例，以及大一新生入学应该提前做好的准备等，后来案主也反映说是非常有用的。将来如果再遇到类似的个案，可以多找一些同类案例讲述给案主听，这有助于让案主感受到很多人都会遇到类似的问题，不用太过忧虑。社工认为做得比较好的地方是让案主内心感受到社工是陪同案主一起去解决问题的，这是与案主建立良好关系的关键。

## 点评：

本个案涉及一位年轻的精神病患者，她主要的问题就是面对大学生活可能会产生适应上的困难，病情未能稳定可能引起精神病复发，以及她的人际交往能力比较欠缺，支持网络比较薄弱，不利于康复。工作介入方面，社工能够紧抓这三方面作为介入的重点。由于精神病患者需要的支持比较长远，因此建议社工在结案之后，在案主考试的前后作回访，以了解案主面对功课压力的应对心态，进一步了解案主的应变能力，亦能了解在这段时间案主是否能够将在辅导期间学到的技巧应用在实际的情况上。此外有关精神病的案例，应进一步加强家属的支持工作，并教导家属如何协助案主面对当前的困难，这对案主长远自我照顾能力的提升有莫大的帮助。整体上本个案的介入方向能协助案主进一步康复，提升社区融合，开启新的生活。

（香港浸会大学社会工作学系讲师　李玉仪）

# 个案辅导介入青少年心理危机的应用分析
## ——以自杀倾向青少年个案辅导为例

蓝　花

## 一、案例背景

案主是一名初一女生，成绩较好，在班级中人缘较好，在家里乖巧懂事，勤劳肯干。老师发现她有自残倾向，手上有割痕，询问缘由未果。老师向社工求助，希望社工关注案主，帮助案主获得家人更多的关爱和支持。

## 二、危机介入模式

危机介入模式是一种具体的工作方法，是在林德曼和卡普兰的研究基础上发展起来的危机干预方法，危机介入首先关心的是人的安全，然后测评当事人的情感反应、认知反应和行为反应。

## 三、按照危机介入模式评估问题

### 1. 人的安全

（1）多次割腕。

案主已经割腕多次，最近半年之内割腕 3 次，手上有明显的割伤痕迹。案主的安全难以得到保障。

（2）缺乏父母的及时关注。

案主父母工作时间长，没有能够及时关注到她的心理问题并给予支持。

### 2. 情感反应

（1）无感反应。

案主基本不表现出她真实的情感，常用正常的、乖巧的、活泼的形象伪装，让人难以把握她的情感反应。

（2）与兄妹的情感淡漠。

案主与兄妹之间的情感淡漠，有时候会有"嫉妒"的情感反应。

（3）父母情感照顾比较缺失。

案主父母是双职工，工作时间较长，案主较少与父母沟通；父母工作压力大冲突较多，案主也受到一定的言语攻击。

### 3. 认知反应

（1）传统道德观念与性渴望的冲突。

案主有喜欢的男孩子，但是传统的家庭教育让她认为恋爱是一件父母反对的事情，但是她却无法控制自己这一时期对男孩子的爱慕。

（2）意识的困扰。

案主处于青春期发育中，体型变化较大，对自己的矮、胖、脸大等很烦恼，有自卑心理。

（3）人际交往的矛盾。

在与同学相处中，案主用不在乎同学关系好坏来伪装自己，长期的压抑让她对人际交往产生恐惧心理。

（4）压抑。

案主是老师、同学及家长眼中的乖孩子，她以乖孩子的标准要求自己，没有途径释放自己内心真实的想法，长期处于压抑的状态。

### 4. 行为反应

（1）外出不归：外出找同学玩或独自一人外出不回家。

（2）迟到旷课：出现上学迟到甚至是逃课的现象。

（3）自暴自弃：与同学、老师关系紧张，开始表现出自暴自弃的状态。

（4）成绩下降：各科成绩下降，引起老师的注意。

## 四、个案辅导实务方法

### 1. 建立良好的关系

社工通过邀请案主参加义工服务，与案主建立良好的关系，让她有机会用自己的优势协助社工做力所能及的事情。

### 2. 一起面对案主的情绪反应

社工与案主一起分析她与同学、老师、父母、兄妹之间的关系，并帮助她将自己的真实情绪表达出来。在面对各种情绪压力时，她习惯的情绪反应是逃避，在无法寻找到其他解决路径时，她往往从自己身上找解决方法，导致出现割腕行为。帮助案主面对自己的情绪反应，有助于案主理清困扰她的情绪来源，让她看到自己对情绪的反应，以及之后出现的行为等。

### 3. 去标签

案主认为自己很胖，而且胖是所有问题的来源，是困扰她最严重的问题。她认为因为自己胖才会带来所有的烦恼，并且认为所有人看到她的第一印象就是胖。案主的自我标签化比较明显，甚至已经达到出现应激反应的程度。社工与她一起分析该问题，帮助她重塑对自己的认知，逐渐自我去标签。

### 4. 不自杀的约定

保障一个人的安全，主要的责任人在于本人。为了保障案主的安全，社工与案主做了不伤害自己的约定。在做这个约定的时候，案主表现出犹豫的神色，这让社工感受到案主存在自杀危机。通过心理辅导，案主最终与社工达成不自杀的约定。

### 5. 家庭介入

为了帮助案主顺利渡过危机，社工通过与其父母多次面谈引起其父母的关注和重视。从理解案主在这一阶段所承受的压力及出现的行为表现入手，帮助案主父母重新认识案主的行为表现，减少其"语言暴力"对案主的伤害，增进案主与家人之间的互动，从而从家庭中获得更多的理解与支持。

### 6. 陪同经历反复阶段，化解危机

（1）对重塑自我反复阶段的理解和接纳。

案主已经习惯了过往的思维模式，也习惯了自我贴标签，让她改变认知、重塑自我是一个比较艰难的过程。当案主出现不适反应的时候，以解决问题为导向的做法可能会导致她压力叠加，使情况更加糟糕。社工与案主一起面对这一阶段的反复，理解和接纳她的反应，让她有充足的过渡和适应期。

（2）共同面对问题，给予引导和支持。

在跟进服务期间，案主再次出现自杀行为。危机事件发生后，社工陪同案主度过危机，包括她经历自杀事件之后面对父母、面对同学老师的心理调适，以及对自己的评价等，给予引导和支持。

（3）寻找出口，重现生机。

社工陪同案主分析困扰她的一切事由，帮助她寻找问题的突破口，帮助她找到出路，重现生机。

## 五、个案辅导介入青少年心理问题的优势与不足

### 1. 优势

（1）关注度较高。

个案辅导能够给予当事人定期的关注和支持，尤其是在青少年觉得缺乏支持

和援助的情况下，个案辅导能够给予青少年及时的支持和帮助。

（2）陪伴时间较长。

个案辅导注重的是当下问题的解决及未来问题的应对，个案服务的时间较长，能够给予青少年培育自我解决问题能力的时间。

（3）综合专业能力辅助。

社工在跟进青少年个案时所需要储备的知识较多。做个案辅导需要社工具备较综合的专业知识，包括熟悉青少年成长的心理、行为、情绪等各方面特点，并需要学会从行为、语言、表情等分析问题背后的原因及看待问题背后的认知或思维，以帮助青少年寻找突破口。

（4）家庭的辅助。

个案辅导注重分析问题的根源，通过分析问题背后的成因进行逐一的介入。在辅导青少年个案过程中，一定会对青少年的家庭进行介入，以获得家庭对青少年的关怀与支持。

2. **不足**

（1）个案辅导具有一定的风险。

由于青少年时期是人生的"风暴期"和"狂飙期"；这一阶段充满了"矛盾的倾向"：活力、热情与冷漠、无聊，欢乐、笑声与忧郁、悲观，虚荣、自珍与谦卑、羞耻，理想的利他与自私，敏锐与冷漠，温柔与野蛮并存。如果个案辅导过程中，社工无法准确评估青少年的矛盾与冲突，在辅导过程中可能会出现激烈的反应，比如青少年的过激反应等。

（2）个案辅导具有不可控因素。

由于青少年已经具有较为成熟的认知，也善于伪装和自我保护，社工难以把握所沟通的内容是否会导致青少年心理出现不可控的反应，并出现不可控的行为。

（3）个案辅导具有较大的依赖性。

一方面社工较依赖于青少年的自我成长，包括认知改变行为并解决问题；另一方面青少年也依赖于社工，希望社工能够帮助或者代替自己面对问题甚至解决问题，可能出现个案服务对象无法适应和回归个人应对的情况。

## 六、反思与总结

青少年出现心理危机是一个潜伏期较长的过程，一般到了出现异于常人的行为时才被发现，而个案辅导多以治疗介入为主，较少有预防干预的个案辅导。同时，因每个青少年都是独特的个体，对每个问题的反应各不相同，社工难以照着专业流程逐一实施，需要应变及应对的能力。

个案辅导的意义不仅在于辅导具有支持及治疗的功能，也在于社工可以通过个案发现群体性问题，并评估问题发展下去可能出现的影响及后果，因此社工在做青少年心理干预时，还应以班级活动、主题团建、主题小组等形式开展群体预防工作。

## 点评：

受各种因素影响，校园自杀案例日趋增多，处理这些危急的个案的确具有一定的难度。负责本案例的社工，在对整个危机的分析以及如何跟案主及其家人建立信任的关系方面做得都比较好。第一，能界定学生这个危机的性质以及介入的方向；第二，能够运用学生本身的资源以及周遭的资源实时加强其支持网络；第三，能够为案主及其家人进行情绪辅导，让这个危机得到实时缓解，案主感到被接纳与关怀，有助于其与社工建立信任关系，增强动机去辨识自己的困扰及其背后的原因，从而去克服困境。建议社工以危机介入阶段为基础梳理本案例，当中分为冲击期、应付/变期、危机解决期及适应期，以帮助社工明确各个阶段的工作以及介入的策略。整体而言这个案例具有参考及研讨的价值。

（香港浸会大学社会工作学系讲师　李玉仪）

长　者　篇

# 近亲属护理员照顾孤寡长者
## ——社区养老模式探索

杨　惠

## 一、服务背景

### 1. 广州市社区养老模式

伴随着与日俱增的人口老龄化趋势，养老问题日益突出。当前我国主要有家庭照顾、机构照顾及社区照顾三种养老保障模式。广州市主要通过推动各区镇街建立街道（镇）居家养老综合服务中心来开展社区居家养老服务。

街道（镇）居家养老综合服务中心的服务对象为在本市行政区域内居住的60周岁及以上长者，可申请包括上门生活照料、助餐配餐、日间托管、上门医疗、康复护理、临时托养、文化娱乐、精神慰藉、临终关怀、安全援助等基本服务项目。居家长者可向户籍地街道（镇）居家养老综合服务中心申请服务。具有本市户籍且符合一定条件的长者还可申请政府资助用于购买居家养老服务。

### 2. X街居家养老服务对象的照顾模式

2017年以前X街采用村委委托人员的方式来解决孤寡、困境长者的日常生活照顾问题。当时，村委采用的普遍方式是委托近亲属在老人需要的时候帮忙照顾，村委也会每月定期了解长者的生活情况，孤寡长者的服务属于村委兼管范畴，没有实现统一的管理。

从2017年开始，X街试行政府购买居家养老服务，将居家养老服务交给专业服务机构运营实施，由街道民政部门对运营机构进行服务监督。2018年，为规范全市社区居家养老服务工作，科学评价社区居家养老服务成效，全面提升社区居家养老服务质量，广州市民政局印发了《广州市社区居家养老服务评估指引（试行）》，对居家养老服务的管理和实施提出了更规范的要求。

随着居家养老服务的发展和新要求，X街近亲属照顾的模式开始面临改革的挑战。同时也为了更好地为辖区长者提供居家养老服务，提升辖区居家养老服务质量，社工需要对原有的亲属护理员照顾模式重新进行服务评估和思考。

### 3. 服务对象

X街居家养老服务对象的类型有别于广州市其他大部分街道（镇）的居家养

老服务对象。X街的居家养老服务对象全部是80岁以上的孤寡长者，这些孤寡长者中又有三分之二以上是未婚女性长者（俗称"姑婆"）。她们整体文化水平较低，主要的经济来源是退休金和股份分红，每月平均收入在2 500~3 000元之间。

## 二、服务问题和需求评估

### 1. 群体呈现的问题

X街居家养老服务对象呈现的问题如下：

（1）日常生活照顾问题。

对于行动能力较弱的长者来说，每天的饮食怎么办？自我照顾问题怎么办？日常生活用品采购怎么办？日常生活业务办理怎么办？等等。

（2）生病就医问题。

生病了谁送去医院？去了医院谁照看？怎么挂号找医生？住院谁来照顾？等等。

（3）情感归属问题。

有烦恼的时候跟谁倾诉？快乐的时候跟谁分享？心里空落落的时候思念谁？有没有人陪伴？等等。

### 2. 需求评估

X街居家养老服务对象的需求可归纳为：日常生活照顾需求、医疗需求和情感依托需求。

这些孤寡长者都属于高龄群体，行动能力较弱，自理能力也随着年龄的增长而下降。生活上有比较好的照顾及情感上有依靠，是长者们晚年最大的希望。

## 三、服务目标

### 1. 解决日常生活照顾问题

解决居家养老服务对象面临的日常生活照顾问题，确保每一位居家养老服务对象日常基本生活得到保障。

### 2. 解决医疗需求问题

解决居家养老服务对象的医疗需求问题，确保每一位居家养老服务对象在需要的时候及时地享受到医疗服务。

### 3. 解决情感归属问题

提升长者的归属感，定期开展长者情感支持服务，调动近亲属为长者提供情感支持，让长者感受到老有所依。

## 四、制订服务计划

### 1. 优势和资源分析

综合评估 X 街居家养老服务对象的优势和资源，具体如下：

（1）每个月有稳定的经济收入，基本的生活经济来源有保障。

因为 X 街拆迁建造大学城，拆迁优惠条款是给每位长者都购买了职工社保；而且由于长者都是本地村民，所以每年都拥有股份分红。因此，X 街长者月收入在 2 500 ~ 3 000 元，不存在需要领低保的长者。

（2）与近亲属的情感纽带相对比较稳定。

因为家庭及文化影响等各方面原因，X 街居家养老服务对象基本上都是终身未婚，而且以女性居多。根据辖区的历史文化，我们把这部分未婚的女性长者称为"姑婆"。未婚男性长者所占比例相对小很多。此外，我们还了解到，部分长者年轻时未婚主要是家庭原因，年轻的时候帮助父母一起照顾家里其他兄弟姐妹，缓解家庭压力，后面年龄大了，就没有选择结婚。这一部分群体与兄弟姐妹的感情都比较稳定。部分近亲属平时在生活上会协助长者，甚至部分近亲属还把老人接到了自己家住。

### 2. 近亲属护理员照顾模式的服务计划

（1）解决居家养老服务对象的日常生活照顾问题。

①探索适合本辖区实际情况的居家养老服务模式，了解长者对于上门照料生活的护理员的需求。

②寻找适合照顾长者的护理员，在现有的资助条件下，确保能够为长者提供保质保量的日常生活照顾。

（2）解决居家养老服务对象的医疗需求问题。

①在现有的资助条件下，充分发挥护理员服务的角色，陪伴或协助长者解决门诊就医问题。

②充分调动近亲属亲情的力量，在长者就医的过程中给予支持。

③链接辖区内的医疗服务资源，尽可能为行动不便的长者提供基础上门医疗服务。

（3）提升长者的情感归属感。

①积极调动就近住所近亲属的力量，主动关心、问候长者。

②居家养老综合服务中心保持定期与长者沟通交流，给予情感支持。

③调动辖区内志愿者服务的力量，不定期关怀和问候长者。

## 五、服务实施

### 1. 培养近亲属成为家庭护理员

将近亲属照顾者培养成近亲属护理员，解决居家养老服务对象的日常生活照顾问题。

2016年，对近亲属照顾模式进行了评估。在近亲属照顾过程中，这群高龄长者的日常生活得到了比较好的保障，所以中心最后选择继续沿用和发展原有的近亲属照顾模式为长者提供服务。

2018年，广州市居家养老服务开始改革，探索线上服务管理模式，建立了居家养老服务系统，同时要求提升居家养老护理员的专业性。X街居家养老综合服务中心响应政策号召，同时为确保居家养老服务对象的生活照顾不受影响，社工一对一与长者进行了深入交流，80%以上的长者都表示：①近亲属护理员照顾模式自己非常满意，也很满足，自己在有需要的时候能够得到及时的帮助，能够满足自己的日常需要。②如果聘请专业的护理员进行照顾，一方面自己不信任陌生人，另一方面会为自己在有需要的时候是否可以得到到位的服务而担心。③住在近亲属家里的老人还表示，专业护理员提供的服务不符合自己需要。

根据对长者反馈、近亲属照顾质量、服务费用资助金额、服务管理等方面的综合评估，中心初步决定还是沿用近亲属照顾模式开展服务。对此，社工进一步跟P区老龄办及广州市居家养老指导中心进行沟通，从长者照顾的角度得到了支持，但是提出近亲属照顾，也需要向专业化、规范化方向发展。在P区以及市的指导下，X街居家养老综合服务中心更规范地与近亲属护理员签订了服务协议，在长者基本生活照顾问题得到保障的前提下，不断地加强与近亲属护理员的沟通，提升近亲属护理员的照顾技能与问题解决技能，确保居家养老服务长者得到更优质的照顾。

### 2. 近亲属护理员与居家养老综合服务中心共同协作

最重要的生活问题得到解决后，长者面临的第二大问题就是生病就医的问题。考虑到长者紧急就医的问题，也为了方便长者在身体不舒服的时候能够即刻得到求助反馈，社工鼓励与长者配对的近亲属护理员接老人同住，或将居住在长者附近的近亲属培养成护理员。近亲属护理员与居家养老综合服务中心共同协助解决居家养老服务对象的医疗需求问题，确保长者紧急就医状况下的处理，避免专业护理员或者村委、居家养老综合服务中心因距离或者时间问题不能提供及时的服务而耽误长者就医。

长者就医面临的另一个问题是住院治疗的照护及相关事宜处理问题。长者日常的门诊就医，护理员基本上都能陪同处理。但是住院治疗涉及出入院办理、医疗项目检查及治疗过程的陪护等，如果仅仅依靠广州市居家养老服务 400 元或 600 元的资助，是不足以支撑专业护理员给长者做这样的事情的。按照广州市其他街镇采用专业护理员的模式，孤寡老人住院时很可能需要居委、街道等相关部门共同参与去处理。专业护理员是靠资助金额及老人自身的经济状况提供服务的，更多的是解决日常生活照顾问题，在陪同就医方面专业护理员的力量仍比较弱小，其他街镇的近亲属照顾模式也不一定能够很好解决。目前 X 街运用的近亲属照顾模式，可以相对减轻村委及街道政府照顾孤寡老人的负担。

X 街的长者有退休工资，医疗报销比例超 8 成，就医消费低，每年有股份分红。根据长者的消费水平，如果没有突发的情况，整体上的经济能力是比较好的，而且大部分长者都有积蓄，有能力承担就医产生的所有费用等，不会产生就医的经济负担。大部分长者也与近亲属照顾者达成了协议，协调好了自身遗产的分配。所以我们在选择近亲属护理员的过程中也根据近亲属与老人的亲情关系，选择老人认可的近亲属护理员，这样多重的关系连带，提升了近亲属护理员的责任感与使命感。所以除照顾老人的日常生活外，近亲属护理员对老人的门诊治疗及住院治疗涉及的预约、陪伴、协助，出入院事项办理，住院期间的护理、饮食照顾等事项都亲力亲为，目前为止，还未出现长者不满意的状况。

近亲属护理员在生活照顾方面虽然给了长者较好的保障，但通常不具备医疗服务资质，为了弥补这一缺陷，保障行动不便的长者能够便捷地得到医疗服务，X 街居家养老综合服务中心链接辖区内的医疗服务资源，例如 X 街社区卫生服务中心、Z 医院、X 医院等，为行动不便的长者提供基础的上门医疗服务。X 街居家养老综合服务中心工作人员也会定期入户问候长者，为长者做基础监测。

**3. 提升长者的情感归属感**

（1）提高情感支持。

运用广州市居家养老服务资助的条件，中心积极督促近亲属护理员提高对长者的情感支持。每天问候、节假日共度、按需陪伴娱乐等，很好地促进了长者与护理员的交流，减少了长者独处的孤独感。

（2）加强入户交流。

中心也会每周入户，保持定期与长者沟通交流，了解长者的烦恼，评估长者的情绪状态，及时给予情感支持。此外，中心也培养了一批社区服务志愿者，不定期关怀和问候老人，协助近亲属护理员解决长者面临的问题。

## 六、服务成效

### 1. 近亲属护理员照顾模式的优势得到了最大化的呈现

（1）就近照顾的优势。

当老人有需要的时候，可以及时地提供服务，确保老人的日常生活得到保障。

（2）长者的安全感高。

近亲属都是长者日常熟悉和信赖的人，长者们觉得放心、安全。

（3）长者有情感依靠。

从近亲属护理员的角度，因有邻里的情感或者近亲属关系，在服务的过程中更尽心尽责；从长者的角度，让长者减少了孤独感。长者可以从近亲属护理员的照顾和情感关怀中感受晚年的温暖和依靠。

（4）长者紧急状况处理更有保障。

在日常的生活中，长者们忽然身体不适需要求助的时候，邻里互助（或近亲属照顾）可以及时地协助村委及中心处理，使长者的生命安全得到更好的保障。

（5）减少了村委及街道照顾孤寡老人的压力。

近亲属护理员照顾模式的介入，给了老人如孩子对母亲般的生活照顾，很好地解决了长者日常照顾、就医、情感关怀等问题，村委和街道政府都放心，不用太牵挂。

### 2. 促进了社区互助网络系统的形成，强化了社区自身问题解决能力

近亲属护理员照顾模式充分强化了家族互助网络的功能，同时调动了社区的医疗互助资源、志愿者服务资源，各自都在发挥各自角色的作用，很好地解决了社区居家养老服务对象面临的各种问题。

## 七、服务反思

### 1. 中心服务角色评估

整合评估目前服务过程的成效，X 街居家养老综合服务中心的近亲属照顾的模式是非常适合本辖区群体特点的。

在服务的过程中，社工做到了以下几点：

（1）非常重视长者的照顾意愿选择。

尊重长者的想法，在能力所及的范围内，尽最大的努力让长者实现自己的期待，让长者没有缺憾。

（2）始终保持与近亲属护理员的沟通。

一方面是及时掌握长者的生活状态，另一方面是持续不断地给予近亲属护理员照顾技能及问题处理方式的支持，确保长者的照顾质量不受影响。

（3）整合链接资源。

结合长者的年龄特点及服务需求，中心充分发挥了整合资源的角色，链接了Z医院、X医院、X街社区卫生服务中心等，为长者开展定期及不定期的医疗服务、情感支持服务、安全援助服务等，确保长者各方面的生活都安全且安心。

（4）总体评价。

X街居家养老综合服务中心在社区居家养老服务板块很好地保障着长者生活的各方面，努力提升长者晚年生活的满意度和幸福感，即使在人生的最后时刻，长者也有尊严，没有遗憾。长者对近亲属护理员的照顾及对中心的评价，都是非常满意。

## 2. 经验总结

X街居家养老综合服务中心在探索高龄孤寡长者服务模式的过程中，看到了近亲属护理员照顾模式与居家养老群体特点的匹配性及服务优势的最大限度发挥，切实地解决了长者最重要的日常生活照顾问题及就医照顾问题。

但是因为近亲属护理员照顾模式的特点是一对一服务，所以护理员都是分散的，在一定程度上人员管理难度较大。而且与专业的护理员相比较，近亲属护理员的专业护理技能始终有所欠缺。X街居家养老综合服务中心目前也在不断地探索服务的管理模式以及如何更好地提升护理员的专业技能，不断优化和提升居家养老服务质量，让长者充分感受到晚年的价值感与人生幸福感。

## 点评：

老龄化社会的养老问题正成为人类社会共同面临的难题，但针对这一共同难题的社会服务与介入方案却会因为各不相同的社会环境、社会关系、社会资源而具有不尽相同的实践应对方式。正是在此层面上，本案例关于近亲属护理员照顾孤寡长者的社区养老模式的探索具有积极的本土化意义。案例中，X街居家养老综合服务中心对于服务对象及其实际问题、困难有清楚的认知，需求评估合理周到，服务目标切实具体，服务计划考虑全面，充分发掘了近亲属在养老中的优势，发挥了中国传统社会关系的支持功能。

（华南农业大学公共管理学院　王建平）

# 居家养老上门生活照料服务在农村社区中的管理和发展
## ——以广州市 ZC 区 Z 社区为例

何美怡

## 一、服务背景

2018 年 10 月 D 社工服务机构承接了 Z 镇居家养老综合服务中心，为该镇长者提供居家养老综合服务。Z 镇有 37 个村居，辖区面积广大，群体居住分散，辖区内的长者户籍人数有 11 344 人，常住人数有 12 189 人。

## 二、农村社区居家养老服务所呈现的问题

### 1. 上门生活照料实际开展服务与上门生活照料规定服务内容略有差距

上门生活照料服务的内容分为生活照料（通用服务）和生活照料（专业服务）两类，也规定了相应的服务范围和服务内容，主要围绕服务对象的生活开展照料服务。服务初期，由于对服务内容把握不准确，在实际的上门生活照料服务开展中，养老管理员发现有部分助老员开展的上门生活照料服务偏离所规定的内容，例如：助老员为服务对象耕地除草归类成生活照料服务；不具备医疗或康复资质的助老员为服务对象按摩、捶背、量血压，并刷卡登记为康复护理等。

### 2. 大量工单核实对养老管理员造成较大压力

Z 镇的上门生活照料服务覆盖 318 名服务对象，根据服务流程，养老管理员需要对助老员提交的每一条上门生活照料工单进行审核，审核助老员提交的工单信息与刷卡信息是否一致、工单照片显示时间与刷卡时间是否一致、工单照片显示的服务内容和刷卡时选取的服务内容是否一致等。养老管理员平均每天需要审核 200~300 条工单信息，审核一条工单需要花费 1~2 分钟的时间，而且稍不留意就容易遗漏一些不容易被发现的工单错误。工单数量大，养老管理员人手有限，容易造成工单审核失误或因审核不及时导致工单失效，因此养老管理员审核工单的压力较大。

### 3. 助老员之间互为亲属/好友关系导致的助老员管理问题

因项目初期需快速发展助老员，较多助老员由旧助老员推荐新助老员发展而来，导致助老员中存在较多亲属、朋友关系，这对于服务的开展有利有弊。利包括：①助老员之间相互熟悉，在服务中可以结伴同行，提高助老员服务过程中的安全程度；②助老员间可相互学习上门生活照料的服务流程和刷卡流程，减轻项目工作人员的教学压力。弊包括：①当中心与助老员发生利益冲突时，助老员们可能会形成团体对抗；②产生离职连带效应，如有1名助老员离职，可能会影响与该名助老员关系好的助老员一同离职，导致多名助老员一起离职的情况。

### 4. 助老员与长者之间互为亲属/邻居关系导致的服务管理问题

助老员大多为本地人，并服务于本村长者，这一来有助于助老员减少服务路程，二来发生突发状况时助老员能够及时对长者提供帮助，同时助老员还可能非常熟悉服务对象，比较容易与服务对象建立关系。但由于农村地区的人情社会特点，村里每一户居民之间可能都有或近或远的亲属关系，服务提供者和服务使用者为亲属关系也可能成为一把双刃剑。服务对象可能会碍于情面不好意思对助老员提出服务需求，或为维护助老员的工作对助老员作出很好的评价，以至于养老管理员不能对助老员作出较公正的工作考评。

### 5. 助老员的素质普遍有待提升

助老员日常需要运用手机程序进行工作内容上传，但农村地区的助老员多为留守妇女，她们的年纪一般是40～60岁之间，文化程度较低，对于手机的使用不太熟悉，对事物的理解和接受能力也比较弱。因此在助老员的培育方面，养老管理员需要一对一进行精心辅导。教导助老员熟悉工作流程和工单上传会消耗养老管理员很多的时间和精力，养老管理员在审核过程中发现不合格的工单，就需要退回工单，教导助老员重新上传，再审核，这增加了养老管理员审核工单的压力。

另外，因为助老员的身份背景，她们对于服从管理的意识也相对较弱，容易出现不服从养老管理员工作安排的情况。

### 6. 部分服务对象对上门生活照料服务内容不清晰

部分服务对象不清楚上门生活照料服务的内容，无法对助老员进行工作监督，认为助老员是免费、义务和定期来看望自己，义务给自己清洁家居。

## 三、服务管理的改进目标

针对上门生活照料服务呈现的问题，为更好地开展上门生活照料服务，改变目前上门生活照料服务状况，需要订立服务目标：

（1）建立完善的培训管理机制。

（2）培养和建立一支成熟的助老员队伍。

（3）加强对平台工作人员业务能力的提升。

（4）保证服务对象了解和明确上门生活照料服务内容。

## 四、改进计划

**1. 建立完善的助老员培训方案，并制作上门生活照料服务手册，明确上门生活照料服务内容**

在月初制定服务计划安排表，让养老管理员根据安排表进行工作监督；定期开展助老员工作会议并针对养老管理员在审核工单时发现的问题，与助老员一一梳理，明确服务内容；形成考核制度，将会议缺勤、工单错误、不服从安排等，均纳入考核范围，对助老员进行薪酬管理，必要时审核助老员工作资格。

**2. 开展监管工作**

由于助老员和服务对象关系较好，且服务对象大多不清楚上门生活照料服务的内容，养老管理员发现日常的巡查和满意度回访中大部分服务对象都对助老员很满意，提不出改进意见。于是除日常回访外，养老管理员采取"明访＋暗访"的形式进行工作监督。明访是指由养老管理员联系助老员，约定时间到服务对象家中，根据设定好的问题进行回访。暗访是指在服务对象和助老员不知情的情况下，提前在系统上查询工单信息，选择最近服务的工单，到服务对象家中进行核对。

**3. 扩大上门生活照料服务宣传力度和途径，让服务对象知道上门生活照料服务，并形成监督**

养老管理员在回访过程中发现，有许多服务对象不清楚上门生活照料服务的内容，误以为助老员是义务服务，不敢向助老员提出服务需求。因此，需要加大上门生活照料服务的宣传力度，在回访过程中，为服务对象讲解上门生活照料服务；在村（居）委摆放上门生活照料服务宣传资料；对新申请的服务对象进行探访和宣传；对服务对象家属宣传上门生活照料服务等。

**4. 储备助老员力量**

储备助老员力量，有助于助老员的更替，对助老员也会形成压力，促进助老员更好地服从管理和完成服务，并能够及时地对不合格的助老员进行替换。

**5. 建立养老管理员的管理权威**

目前养老管理员的平均年龄在 22 岁左右，助老员的平均年龄在 45 岁左右，在日常的上门生活照料工单审核和上门生活照料服务补录工作中，养老管理员会向助老员反馈工单问题，要求助老员到项目办公点进行补录，但有部分助老员会要求养老管理员帮他进行补录，养老管理员碍于情面会直接帮助老员完成补录工作，但这同时也增加了养老管理员的工作量。因此，需要对养老管理员进行业务培训，同时加强养老管理员的工作原则，树立养老管理员的管理权威。

### 6. 对养老管理员进行业务培训，增加养老管理员数量

目前的上门生活照料工作，养老管理员不足，服务对象基数大，容易由于工作量大造成工单审核失误，因此需要对养老管理员进行业务培训，熟悉工单审核工具和上门生活照料服务内容，同时增加人手，解决上门生活照料工作人员人手不足的问题。

## 五、改进过程

（1）改进计划实施过程中，助老员和养老管理员在一开始并不能很好地接受，并认为各种工具实际上加大了工作量。在规范上门生活照料服务方面，要求助老员根据新服务要求操作时，助老员对新的服务要求意见颇大，并偶尔会提出"这么麻烦，工资又不多，都不想做了"，有助老员认为新的服务要求增加了工作量，不想根据新的工作要求实行，并希望下一个月这个新的要求可以取消。助老员不服从管理，且容易煽动其他助老员的情绪，不利于上门生活照料服务的发展，且会对项目造成影响。养老管理员初次使用工单审核工具表，也同样面临着不熟悉和工单审核效率减慢的问题。针对上述反馈和问题将继续改善。

（2）在监管工作实施中，"明访＋暗访"的形式确实能够更好地在回访中发现问题，能够较明确地监督到助老员的服务情况，根据服务对象的反馈情况，综合明暗两种情况与工单进行比对，较容易看出问题和细节。但暗访的形式也遭到了部分助老员的不满，认为是对其不信任，容易引起助老员对养老管理员的不满情绪，因此也需要提醒养老管理员对助老员做好解释和前期提醒工作。

## 六、改进成效

### 1. 形成优胜劣汰的模式，培养出服务能力更强的助老员团队

在改进计划实施后，部分助老员因适应不了新的服务要求，对每月填写月度安排表不适应、手机使用不熟悉，难以按照新的服务要求进行工单上传和照片存档等而选择离职，这是对现有助老员的优胜劣汰的过程。另外，通过宣传招募储备的新助老员也更能符合项目要求。

**2. 强而有力的服务监管促进了上门生活照料服务质量的提升**

一方面在回访中加入宣传，让服务对象了解目前自己所享受的服务，从而对助老员进行监督，使服务变得更公开透明；另一方面通过养老管理员"明访＋暗访"的回访方式对助老员的服务进行监督，"明访＋暗访"的回访方式虽引起了部分助老员的不满，但无疑能够更好地发现助老员的服务是否存在异常，并能够把相应的服务异常情况反馈给助老员，让助老员警惕和反省，加大了服务监控力量。

**3. 制定细致的工作流程，借助工具表格，提前预防和减少问题的发生**

养老管理员使用新工单审核工具表，能够在服务过程中对助老员进行服务进度提醒，减少了助老员服务堆积的问题，督促助老员按照计划表进行服务推进。

## 七、总结反思

（1）工具表格的推行和使用需要适应的过程，新的服务工作表格和服务要求出台后，不仅会引起助老员的不适，就连养老管理员也会有所不适，需要进行工具试行和试用反馈以及改进。

（2）人员的更替可能会引起服务对象的不适，影响服务的顺利衔接。改进计划实施后，有助老员离职，但由于工作人员没有及时关注到助老员的情绪问题，导致双方关系破裂，因此在服务的衔接方面可能会出现断层，助老员会擅自中断对服务对象的服务，没有与服务对象告别。这就需要养老管理员做好交接和回访工作，对所有更换了助老员的服务对象进行入户探访，说明原因，并关注服务对象的情绪，做好解释工作。

### 点评：

本案例聚焦于居家养老上门生活照料服务的管理和发展，目的在于建立完善、健全的助老员队伍，适应 D 镇养老形势发展的需求。整体上，案例对所服务农村社区居家养老服务问题认识清楚，服务目标合理适当，改进计划考虑全面周到，对于过程的控制也较为适当，从而有效提升了助老员队伍，改进了养老服务质量，取得了积极的成效。

（华南农业大学公共管理学院　王建平）

外来务工人员篇

# 孵化社区自组织　提升来穗后勤工友融入感

*李泳茹*

## 一、服务背景

### 1. 案例来源

社工前期到高校后勤工友宿舍探访，了解到很多来穗后勤工友基本上都是在饭堂上班，早上 6 点多上班，晚上 7 点多下班，平时的工作量也比较大。因为工作长时间站立、弯腰，工友身体多处出现疼痛情况。大家下班后主要待在宿舍，周边没有适合的娱乐活动，而且工作了一天，只想待在宿舍休息。大学城有 10 所高校，2 千多名来穗后勤工友，针对这部分人群，如何解决其业余生活单调情况，调动大家积极主动融入社区，给予关怀和温暖，是我们服务的重点。

### 2. 基本情况

在与来穗后勤工友聊天的过程中，社工发现了一名爱好唱歌的王阿姨，她为人热情，而且愿意带动大家参与。于是，社工孵化唱歌团队，把她作为案主，协助她成长为团队领袖。

其个人情况如下：案主女，54 岁，湖南人，与姐姐和其他同乡一起在广州打工。案主平常热爱唱歌，在工作之余也会与同乡一起唱歌，但是现在能一起唱歌的人很少，有共同兴趣爱好的人不多，兴趣发挥需求比较大。

## 二、需求评估

（1）来穗后勤工友普遍存在的问题是业余娱乐生活匮乏，刚来到新的环境，不熟悉这里的同事，且存在语言隔阂和文化不适应的情况。

（2）针对来穗后勤工友生活单调的情况，社工需要把服务带进高校，提供贴心暖心服务丰富来穗后勤工友娱乐生活，同时挖掘成员的兴趣爱好、优势，并且在活动中发挥成员的自身潜能，增强成员的自我荣誉感和归属感。

### 三、理论依据

#### 1．团体动力学

该理论的基本概念是生活空间，它包括人与环境。人既是个体团体动力学的存在，也是团体的存在；团体不是孤立的个别属性的机械相加，而是在一定的生活空间里组织为一个完整的系统。从这一点出发，很容易得到这样的结论：团体绝不是各个互不相干的个体的集合，而是有着联系的个体间的一组关系。作为团体它不是由各个个体的特征所决定的，而是取决于团体成员相互依存的那种内在的关系。由此认为，虽然团体的行动要看构成团体的成员本身，但已经建立起来的一个团体有着很强的纽带，能使个体成员的动机与团体目标几乎完全一致，难以区分。所以一般说来，引起社会团体变化而改变其个体要比直接改变个体容易得多。这就是整体比部分重要得多的场论的基本思想。

#### 2．应用分析

通过该理论引导案主重视团体的合作意识，在提升团体意识的同时，增加案主的团体带领能力，另外也逐渐培养案主与其他成员的关系，减少隔阂，使得整个团队更加和谐。

### 四、服务目标

带领来穗后勤工友自发成立合唱队等团队，一方面培养工友领袖，带动其他新来穗后勤工友加入，扩大规模，形成一个娱乐互助的团体，拉近来穗后勤工友之间的距离，丰富来穗后勤工友的生活；另一方面发挥合唱队的团队力量，活化来穗后勤工友的业余生活氛围，增强成员彼此间的支持作用。同时挖掘成员的兴趣爱好、优势，并且在活动中发挥成员的自身潜能，增强成员的自我荣誉感和归属感。

### 五、服务计划

（1）首先，社工和案主讲清楚成立合唱团的初衷和目的，以及成为团队领袖需要做的事情。

（2）成立合唱团，积极邀请工友加入，协助案主带领成员一起为团队取名；收集成员资料，到街道备案登记。

（3）借助中秋晚会，鼓励大家参与首次表演，确定表演曲目、排练时间、排练地点等。

（4）了解案主带领团队中遇到的困难，提供解决措施。

（5）协助案主准备表演的服装道具，排练节目。

（6）表演结束后，评估案主、合唱团成员参与感受。

## 六、服务过程

### 1. 服务前期

社工在了解了来穗后勤工友的需求后，准备成立一个来穗后勤工友自组织——工友合唱团。于是带领工友领袖、积极分子走访工友宿舍，鼓励大家参与合唱团，并了解大家遇到的困难。经过大家的努力，陆续有17位来穗后勤工友愿意加入合唱团。在合唱团刚成立的时候，一些成员因为经常排练节目导致喉咙不舒服而晚上很少参加排练，经过案主与这些成员多次沟通，最终一些成员还是愿意加入合唱团的排练之中。社工协助案主征询其他成员对合唱团取名的意见，最后大家一致赞同合唱团取名为——夕阳红合唱团。

### 2. 服务中期

排练的时候，社工建议案主唱歌的声音尽量大一点，让其他成员能够听得清楚，并且作为领头人先唱开头，再让所有成员开始唱。社工还提醒案主在带领成员唱歌的时候要注意留意成员有没有跟着节奏唱，及时纠正成员。案主刚开始不太敢，也不知道该怎样去训练成员一起合唱，训练时间长了，案主慢慢掌握了一些带领技巧并表现得很积极。

社工通过合唱团的工友还认识了一位多才多艺的来穗工友——倪老师。社工在与倪老师会谈的时候了解到，倪老师以前是一名语文老师，他也在自己家乡组织了几个乐队，主要做节日演出。在会谈的时候，倪老师表演了几个节目，能看出倪老师深厚的音乐与文学底蕴。倪老师的积极性很高，社工邀请倪老师当合唱团的顾问，他也很乐意作为顾问协助案主来教合唱团成员唱歌的技巧。

排练期间，社工协助案主强化角色意识，鼓舞大家士气，鼓励成员积极参与排练。

临近表演前几天，社工协助案主准备表演服装。表演当天，几位合唱团成员表演得很出色。过后，大家很激动也很开心地和社工反馈："从来没想过自己也能上台表演。"这次晚会丰富了工友的生活，激发了工友的潜能。

### 3. 服务后期

合唱表演结束后，大部分工友想学习舞蹈，主要为了锻炼身体，减轻肌肉酸痛。大家还同意把夕阳红合唱团更名为合悦舞蹈队。大家自备音响设备，挑选了一个空旷广场，社工也从中挖掘出爱好跳广场舞的陈阿姨作为志愿者教大家学习舞蹈，大家称呼她为陈老师。经过短短几天的互动，逐渐吸引附近40多位工友走出宿舍，来到广场观看和学习。大家每天晚上下班都积极来到广场，原来彼此不熟悉的工友，都找到话题开始熟络了起来，也认识了更多的老乡，大家拥有共同的语言，谈论着来到广州后感受到的温情和暖意。

就这样，这个舞蹈队经过大家的努力维持了一年时间。在这期间，大家参与了几次演出，也有一位比较年轻的工友加入了舞蹈队，并且能够教大家一些健身操、广场舞。有时之前的老师没有空来教，她就会带领大家学习健身操和广场舞。有部分工友比较能接受快节奏的舞蹈，于是开始有部分工友选择跟着跳。最后综合各位成员的意见，决定把一个舞蹈队分成两个舞蹈队，由两个老师分别带队。

自成立工友团队以来，每次需要举办节日晚会，社工都会召集工友领袖、积极分子开会商量节目的内容，节目内容主要由工友来决定。团队中人多，偶尔也会遇到工友意见不合的情况，社工负责疏导他们的情绪，促进团队的发展。

## 七、服务成效

### 1. 队伍不断壮大

由一个合唱团发展成为一个舞蹈队，再分成两个舞蹈队，队伍随着工友需求的变化而进行更换。舞蹈队现由两个队长自主管理，社工仅担任协调者和资源链接者的角色。参与人数由17名工友发展到40名，促进了新工友融入团体生活。

### 2. 服务地区范围扩大

舞蹈队自编自演节目参与社区举办的中秋、元旦、五一晚会共7场，共服务工友840人次。演出内容涉及小品、话剧、合唱、独唱等多样化的表演。舞蹈队的节目从单一到多样，成员的优势得到发挥，工作和生活的幸福感增强。

### 3. 影响力不断提升

舞蹈队从学校走进社区，根据社工链接的演出资源自主参与其他社区组织举办的演出，团队成员合作意识和社区参与精神增强，提升了成员集体荣誉感。

### 4. 业余生活日益丰富

舞蹈队成立之后，社工协助成员开展节日文化表演，极大地丰富了外来务工人员的文化娱乐生活，促进了他们积极主动融入这个社区。舞蹈队成为外来务工人员饭后茶余、业余休息的欢聚平台。

## 八、总结反思

### 1. 充分发挥社区团体的作用

来穗后勤人员这部分群体的社区支持呈弱势，成立舞蹈队可以让工友发挥潜能，活跃社区氛围，并带动新来穗人员融入新社区、新生活。舞蹈队自成立以来已经能够自主策划参与社区活动，对工友自身娱乐发展和其他工友起到非常积极的作用。但是我们还需要逐渐建立一个工友自助互助的友爱舞蹈团体，真正发挥社区团体的作用，活跃社区氛围，带动工友参与的积极性，并设计、开展社区服务，促进工友服务进一步升级，达到社区自助的目的。

### 2. 团体成员相互支持，提升凝聚力

一个具有强凝聚力的团体是离不开成员的互相理解、互相支持的。舞蹈队由来自五湖四海的兄弟姐妹组成，成员的文化背景、生活习惯各有不同。社工在今后的服务中更要加强团队建设，强化团队成员的团队合作意识，加强团队成员的联系。

### 3. 发展社区组织，共建和美社区

通过发展社区组织，让来穗后勤工友从参与者转变为社区活动的策划者，增强来穗后勤工友的主人公意识以及来穗后勤工友之间的情感和凝聚力，让来穗后勤工友在社区感到幸福，有利于共建和美社区。

### 4. 加强社区治理，构建共建共治共融社区

党的十九大报告中提出：加强社区治理体系建设，推动社会治理重心向基层下移，发挥社会组织作用，实现政府治理和社会调节、居民自治良性互动。培养和发展社会组织，可联动更多的社会资源，在社会治理中往往可以起到事半功倍的作用。在社区和村居里面，有许多有共同爱好的热心人群，通过把他们组织起来，使不同类型的群体自组织化，能够更有效地覆盖服务人群。这不仅是社会治理单元变化的需要，也是重构社区的需要。通过培育社区人群自组织，充盈社会资本，让人们建立信任，守望相助，构建共建共治共融社区。

### 点评：

本案例是培育来穗后勤工友自组织，社工以挖掘来穗后勤工友的兴趣为入手点，不仅让来穗后勤工友的能力被肯定，而且通过他们潜能的发挥，也让小区居民对他们的能力有了更深刻的认识，改变了对他们的既定想法。通过进一步组织他们成立舞蹈队，并把舞蹈队的服务不断向小区推广，开展公益活动，从而提升

了他们在小区的影响力，增强了他们的内聚力，贡献了社群力量。服务以点带线、以线带面向小区全面铺开，使本地居民对他们的认识更为立体，能力更受肯定。小区参与是最好的基层社群融入小区的策略！项目输出的实际效果比社工所书写的内容更为丰富，建议社工在理论应用方面可以考虑将小区融合概念作为整个项目的基础，将构建互助组织作为介入目标，充分利用团队动力学的概念，更好地加强来穗后勤工友的支持网络，以及互助精神的培养，可以以经验学习的四个循环为基础，使服务的梳理更加扎实，社会工作元素更加突显。

（香港浸会大学社会工作学系讲师　李玉仪）

# 链接资源　助力星级志愿者

刘钰珊

## 一、服务背景

### 1. 基本情况

案主今年 28 岁，广西人，与丈夫育有 3 个女儿，夫妻俩都在广州 ZC 区 Z 街工作。案主是 Z 街社工服务站的二星级志愿者，平时热心公益，经常参与社工站各类志愿服务。

### 2. 个案现状

在社工介入之前，案主 3 岁的小女儿刚刚经历了一场发烧。这是一场看似平常的发热，但是在诊所打了将近 10 天的针剂，却依然没有退热。案主得知情况后，迅速从广州赶回广西老家，带女儿到南宁市第九人民医院检查。经过一段时间的治疗，病情依然反反复复，无法退热，医院也一直没能查明原因。案主女儿的病情日益加重，出现了昏迷状态，各器官都受到感染，住进了重症监护室。由于病情不见好转，案主把女儿再次转院至广州市儿童医院，每天花费大笔金钱，家中负债累累，女儿的病情却不见好转，案主情绪一度崩溃。

## 二、问题预估

案主的小女儿发热不退，病情反复，还一度恶化，案主在困难无助的情况下情绪波动较大，加上救治需要大笔费用，目前家中经济负担较重，希望社工能够链接各方面资源给予帮助。

### 1. 案主优势

案主愿意与社工交流分享自己的内心感受，改变动机强。

### 2. 案主劣势

案主女儿的病情一直没有好转，案主情绪低落。治疗费用高，经济负担重。

### 三、理论依据

#### 1. 任务中心模式

任务中心模式把服务介入的焦点集中在为服务对象提供简要有效的服务上，希望帮助服务对象在有限的时间内实现自己所选定的明确目标。

高效的服务介入必须符合五个方面的基本要求：一是介入时间有限；二是介入目标清晰；三是介入服务简要；四是介入过程精密；五是服务效果明显。

任务中心模式在实现目标的过程中非常关注服务对象的自主性。主要包括：第一，服务对象具有处理自己问题的权利和义务。第二，服务对象具有解决自己问题的潜在能力。

任务中心模式把沟通视为社会工作者与服务对象之间进行交流的工具，有效的沟通必须具备有系统、有反应两个要素，达到探究、组织、意识水平的提升、鼓励和方向引导五种功能。

#### 2. 应用分析

本案中案主就女儿生病问题主动求助身边亲戚朋友帮忙，也利用线上筹款平台筹集治疗费用，可见案主具有处理和解决自己问题的潜在能力。案主表示女儿病情严重且反复，家里已经无力承担医疗费用，情绪低落，不知道还有没有途径帮助她解决问题，从而求助社工的帮助，目标明确。社工需要集中焦点与案主进行沟通，做到层次分明、循序渐进介入服务，在服务过程中社工需要明确案主的问题、目标和自身需要承担的任务，协助案主在有限的时间里多方联合链接资源，并给予案主及时的情绪疏导，鼓励案主积极面对事情，并让案主感受到来自社工的情感支持及不断的争取资源的努力。

### 四、服务目标

（1）心理疏导，为案主提供情绪疏导。
（2）链接资源，协助其寻求帮助。

### 五、服务计划

（1）与案主沟通，建立关系。
（2）对案主进行情绪疏导，了解实际问题。
（3）引导案主正面积极处理问题。
（4）链接各方资源，提供帮助。

## 六、服务过程

### 1. 第一次会谈

（1）会谈目的：了解案主的情况，与案主建立信任关系，收集案主的信息，评估案主的需求问题。

（2）会谈情况：社工通过微信群得知案主的情况后，迅速与案主电话联系，了解案主的具体情况。社工得知案主是广西人，夫妻俩目前都在广州 ZC 区 Z 街工作。案主平时热心公益，是 Z 街社工服务站的二星级志愿者，平时有时间就会参与社工站的各类志愿服务。就在一个月前，案主小女儿一场看似平常的发热，在诊所打了将近 10 天的针剂却依然没能退热。由于案主常年在外工作，女儿一直是由广西家中老人照顾。得知女儿病情后，案主迅速赶回广西家中，带女儿到南宁市第九人民医院检查，经过一段时间的治疗，案主女儿的发热症状依然反反复复，没法退热。案主表示医院也查不出什么原因，病情不见好转，反而一天天加重，此时案主女儿已经发热近一个月了，病情一直不稳定，各项指标都不好。案主情绪一度崩溃。社工对案主进行了情绪疏导，表示能够理解案主的心情，但是目前最重要的是案主要保重自己的身体，不要把自己也累病了，遇到困难可以和社工沟通，社工会一直支持案主。

（3）本次服务情况总体评估及分析：案主在整个沟通过程中都充满担心和焦虑，由于对女儿病情的担忧和不了解，情绪一度崩溃，一直沉浸在忧虑当中，社工接下来将继续联系案主，了解具体情况，进一步疏导案主的情绪。在会谈过程中，社工运用了支持性技巧中的专注、倾听和鼓励，让案主感受到被理解、被接纳，从而可以更好地与案主建立关系，收集案主信息。

### 2. 第二次会谈

（1）会谈目的：与案主沟通了解案主目前的具体情况，进行情绪开导。

（2）会谈情况：社工再次联系案主，在电话中感到案主的情绪不太稳定，说话偶有抽泣，声音低沉略带嘶哑。在沟通中，社工得知案主女儿在南宁市第九人民医院的治疗一直没有进展，几经周折后已经转到区妇幼医院进行治疗。案主女儿病情一直反复，目前已经开始出现昏迷的状况，各个器官都受到感染，情况十分危急，已转到重症监护室治疗。案主表示，女儿病情没有起色，家里已经倾尽所有且到处筹款，到现在已经花了 9 万多元，接下来不知道该怎么办。案主表示，希望社工能够帮忙了解有什么途径可以减轻负担。社工安抚案主情绪的同时表示会积极寻求符合的相关资源，有任何进展都会马上联系。案主经过社工的一番开导后对社工表达了感谢，并表示会照顾好自己，积极面对事情。

（3）本次服务情况总体评估及分析：案主经社工开导，情绪逐渐稳定下来，说话也明显积极正向了，并且对女儿的康复恢复了一定的信心。在会谈过程中社工运用了支持性技巧中的专注、倾听和鼓励，让案主感受到关心。

### 3. 第三、四、五、六、七次会谈

（1）会谈目的：一是关注案主情绪，及时疏导；二是及时反馈链接资源信息；三是多方合作，链接资源，助力案主。

（2）会谈情况：社工在后续的工作中，分别联系了广州市义工联、广州慈善会、珠珠救助，咨询目前对于案主情况的相关资源链接；同时还搜寻了国家的相关政策，给案主微信转发了《2018年农村大病救助政策有哪些？如何申请？》，并让案主在当地村委了解具体的救助政策。社工也联系了案主当地的慈善会及广西社会工作协会，与协会李姑娘说明了情况。但是不久后，因在广西各大医院治疗不见起色，案主把女儿转到了广州市儿童医院就医。案主表示医生已经让家属签了病危通知书，如果用药控制不了就会危及生命。社工一边安抚案主的情绪，一边告知案主目前资源链接情况。案主表示，非常感谢各位社工及社工站志愿者的帮助与支持，案主会好好照顾女儿，也希望女儿能够早日康复，以后会把大家的这份爱心传递下去。

（3）本次服务情况总体评估及分析：经过社工多次情绪疏导及辗转多方链接资源，在第七次会谈中，社工得知案主女儿的病情稳定了不少，案主的心态也变得越来越积极，在后续过程中社工将持续关注案主的情况。

### 4. 第八次会谈

（1）会谈目的：社工到医院探望案主及案主女儿，了解目前情况。

（2）会谈情况：社工来到广州市儿童医院探望案主及其女儿，案主女儿正在病房中看电视，社工询问案主目前的情况，案主表示女儿是因为体内铁蛋白指数超标所以才会高烧不退，目前女儿的情况比在南宁就医时好转了许多，铁蛋白指数也在慢慢下降，但因为情况比较严重，担心会被细菌二次感染，所以医生强调不能外出活动，平时需要佩戴口罩。因长期输液的原因，案主女儿的脸色显得苍白，虽然对抗病魔非常痛苦，但是案主女儿懂事乖巧，还和妈妈约定等病好了要去很多地方，案主的心情也比社工预想的要好，但因为长时间照顾女儿，案主明显比以往更加消瘦。社工叮嘱案主在照顾好女儿的同时也要照顾好自己，不要让自己生病了，以后有什么情况随时和社工联系。案主表示自己会照顾好自己，同时也非常感谢社工们和志愿者们对她的关心。

（3）本次服务情况总体评估及分析：案主女儿经过治疗后病情开始好转，案主的情绪也变得平稳，心情变得积极起来，一切都在好转当中。

### 5．第九次会谈

（1）会谈目的：回访，跟进案主情况。

（2）会谈情况：社工回访案主，了解到案主女儿已经出院，其状况已经逐渐稳定，医生也表示可以在家休养，定期到医院复查即可。案主感谢社工一直以来的关心和支持，并表示事情刚发生的时候，她感到十分无助及害怕，幸好一路上有社工在，给了她帮助和支持。她也经常想去做志愿者帮助别人，但由于目前女儿还需要照顾，没有办法过去。社工向案主表示了感谢，也懂得案主的心意，目前还是以照顾孩子为先，等孩子完全恢复后随时都可以到社工站参与志愿服务。社工随即向案主表示目前问题已经解决，需要结案，案主表示认同。

（3）本次服务情况总体评估及分析：案主女儿身体好转已经出院，案主的情绪也从一开始的激动、无助，逐渐变得平稳、积极。案主认为做志愿者服务别人的同时，在有需要时也能得到别人的帮助。这件事让案主感受到了互助、支持的重要性。

## 七、服务成效

案主在从知道女儿生病到病情发展至重症的半个月时间里，内心极度伤心、焦虑、无助，社工在第一时间对案主进行了情绪疏导，给予案主关心温暖，让案主感到不是自己一人在奋斗，并且社工后续不断为案主寻找可用的资源，提供各种能够减轻案主家庭负担的方式，最后社工通过链接玫瑰公益手工恒常队伍，通过义卖手工品的方式为案主筹得善款 500 元，金额不高，但是让案主感到了希望。在各种积极帮助的影响下，案主也慢慢地恢复心情，积极面对女儿的病情，并积极配合医生指导接受治疗，其女儿也在逐渐恢复，最后出院回家。

## 八、总结反思

在此案过程中，社工紧急介入，链接各种资源，整合各方面有用的资讯提供给案主，并提供了情绪疏导，最终让案主积极地面对困难。社工运用社工站自身的号召力线上线下发动筹款，虽然金额不大，但是给案主带来了希望，同时陪伴与支持也让案主感到自己不是一个人在奋斗，做志愿者服务别人的同时，在有需要时也能得到别人的帮助。

## 点评：

　　本案例反映出来穗流动人口在兼顾家乡长幼照顾和工作平衡上经常出现拉扯。案主女儿患了重病情况非常危急，案主情绪一度崩溃，幸亏社工介入比较及时。此外，在利用案主本身的外在资源以及国家相关政策来缓解案主及其女儿的危机方面，社工做得也比较到位。值得欣赏的是，社工在整个过程当中运用了关系建立的微技巧，协助案主渡过难关，并在其快要崩溃时进行情绪上的疏导，这样亦使案主可以熬过这个极度忧虑的时期，陪伴女儿待她康复。个案采用任务中心模式作为介入框架也是合适的，如能配合危机处理的原则就更能凸显个案工作介入的紧急性、及时性、专业性，以此为基础去梳理前期介入工作，更能展示社工在危机处理过程中的角色、任务及功能。

（香港浸会大学社会工作学系讲师　李玉仪）

# Z街"社区视角"下外来工社区融入的探索和思考

## 一、项目背景

### 1. 案例缘起

外来务工人员的社区融合可以被定义为个体或者群体被包容进主流社会或各种社会领域的状态或者过程。社会融合是一个多层次的概念，既包括个体层次的融合，也包括群体层次的融合。作为改革开放的前沿阵地，珠三角地区是外来工打工的首选之地，他们为城市的发展做出了一定的贡献，但是他们在城市也面临着很多问题，其中社区融入对于他们而言就显得特别迫切，如今也逐渐成为各方的焦点。如何通过社会工作服务促进外来工的社区融入？Z街社工从社区资源等视角在实践中探索。

### 2. 基本情况

Z街目前有外来人口 10 272 人，占总人口的三分之一。他们主要来自湖南、广西、四川、江西、湖北、河南和重庆等地区，多数是通过老乡或朋友介绍而来的，在Z村居住时间呈两极化，要么很长，要么很短。他们主要从事种植、加工制造、环卫等最辛苦的工作，为社会做出了较大的贡献。但是，他们在工资收入、教育、医疗、福利待遇等方面却不能享受到与本地人相同的待遇，因而在融入当地社会的过程中普遍存在"过客心态"，但实际上他们却又很想融入当地社会。在这种背景下，Z街家庭综合服务中心（以下简称家综）通过调研了解到外来工及其家庭主要存在业余文化生活单调、家庭内部缺乏沟通、职业技能不足、社区归属感不强等需求。

Z街社工针对以上情况，着手从四个方面开展工作：一是经济方面，更加注重从就业和生存层面加强融入；二是文化方面，更加注重从文化等深层次方面加强融入；三是观念方面，更加注重树立"社区"观念，运用社区资源加强融入；四是生活方面，从最基础的衣食住行等方面加强融入。

社工从社区资源视角出发，挖掘社区优势，链接社区当中的学校、企业、政府和社会组织等积极为外来工提供服务，协助其更好地在Z街生活。

## 二、项目目标

丰富新广人（新广州人）的业余生活，促进新广人与本地居民之间的交流与互动，培养新广人的归属感；针对不同年龄层的新广人开展形式多样的技能培训以及职业生涯规划，激发新广人的潜力和竞争力；发掘并支持社群积极分子，培育致力于解决社群事务的组织，促进新广人社区融入。

## 三、项目实施

### 1. 经济：更加注重从就业和生存层面加强融入

前期调研发现，工厂的一线工人普遍存在素质不高、维权意识薄弱、参与职业技能培训和继续教育的机会少等问题，对工伤、健康、自我保护、劳动法规等政策和知识不了解，这在某种程度上造成了外来工的困境。针对此情况，家综制作了《新鲜人手册》，开展了"招聘会""外来工探访""劳动法宣传""安全教育"等方面的宣讲和培训，让外来工在经济和劳动保护方面意识有所提高，通过以上服务从基本层面促进外来工生存问题的解决，并在此基础上不断提升其能力，从而使其"增能"以更好地融入Z村并爱上Z村。

### 2. 文化：更加注重从文化等深层次方面加强融入

（1）美食文化方面。

通过家综的亲子活动室、青少年活动室、长者室，为Z村新广人家庭提供如沐足、园艺、厨艺、手工、烘焙、故事会等提升其健康和幸福感的活动和小组。让更多的外来工及其家属了解Z街本地的美食和文化，从而通过多重方式感受美丽Z村。

（2）科学文化方面。

在企业站点建立社工站，设立"彩虹小屋""能量角"为Z街外来工及其子女提供学习科学文化的场所，促进其提高自身素质。

企业社工站彩虹小屋

（3）素质文化提升方面。

Z村家综联合广东女子职业技术学院开展"送艺术下乡"暑期公益夏令营活动，为生活在Z村的小朋友们提供暑期素质教育，提升其文化品位，促进其兴趣培养，增加其自信心，从而在青少年群体中促进社区融合。

通过以上服务，从社区教育的维度解决外来工对社区不熟悉、不了解的现状。同时，在开展服务的过程中培养社区骨干，引导其做志愿服务并发掘社区资源，动员社区力量开展社区服务

### 3. 观念：更加注重树立"社区"观念，运用社区资源加强融入

通过开展"亲子课堂""幸福异乡人之外来工表彰晚会""反家暴个案""工友生日会"等活动，从法律、家庭教育、社区倡导等方面增强外来工对于社区的归属感，使其在观念层面树立其为社区一份子的观念。通过以上服务引导外来工多关注社区公共问题，如社区公共资源、子女入学等；促进外来工子女和本地村民子女的交流，从而更好地团结邻里。

### 4. 生活：从最基础的衣食住行等方面加强融入

针对语言方面开展了"粤讲粤正"语言学习小组；针对"衣"和"食"方面开展了"新春故事会"等活动，让外来工子女和本地村民子女更加了解彼此的文化；针对"行"方面开展了"新广人吉时回家""寄爱回家"等系列活动，使生活在Z村的外来工感受到本地的温暖。

## 四、工作方法

### 1. 从点到面逐步拓展，从量变到质变，服务范围和受益人群逐步扩大

在服务过程中，社工尤其注重服务的积累，从细微处入手，先建立一些"据点"，如横塱菜农、山田盈园出租屋等外来工集中的聚居点，在聚居点开展外来工服务也方便积累工作经验。同时，在工厂设立"工友之家"为在工厂工作的外来工提供更多的支持。

### 2. 抓住事物的主要矛盾，有针对性地开展服务

外来工的社区融入主要是经济、生活等方面的融入。针对以上需求开展服务，解决其面临的主要问题。

### 3. 理论和实践知识的互相转化

社工服务是一门实践性和经验性较强的工作，虽然学习了很多理论，但是将理论用于实践，从实践中总结经验在外来工个案和小组服务中尤为必要。

### 4. 优势视角看待社区融入，社区资源盘活社区融入

社工进入社区发现的不仅仅是社区的问题，同样还有社区的优势、社区的资

源等。社工在开展服务中积极从社区资源和优势出发来看待社区融入当中遇到的困难。

## 五、项目成效和经验总结

### 1. 外来工互助支持网络逐步完善

通过参加"女工互助支持小组""工友生日会""游园会""公益夏令营"等，新广人社区居民逐步构建起互助支持网络，形成彼此互助的社区氛围。

### 2. 外来工家庭服务更加注重层次和重点

通过参与"新广人家庭成长"计划，一些单亲、离婚、独居人员走出了阴影；通过参与、营造"互助支持"小组等，彼此给予正能量从而更好地解决家庭问题；通过参与活动，在社区层面营造社区互帮互助的氛围。

### 3. 链接资源，搭建平台，三方协同促进社区融入

新广人乐享社工服务的形式，为促进新广人社区融入提供了强有力的保障。通过链接企业、政府等资源，逐步形成政府、企业、社会组织协同平台，新广人能力得到提升。

### 4. 站点服务更加科学和贴心

工厂社工站的服务为外来工缓解了焦虑的心情，调节了其单调的生活；送凉茶、科技下乡等活动，让菜农在炎炎夏日也感受到社工服务的清凉，也让居民受益良多；"雏鹰成长430课堂"，为家庭工作压力大、学习环境不佳的随迁儿童提供了支持。

## 六、反思与展望

### 1. 反思

两年的服务积累了一些服务经验，其中感受最深的是社工角色的转变。一是从服务提供者到服务使能者的转变，外来工在接受社工服务的过程中，其自身能力也经历一个不断提升、不断充能的过程，其面对自己的生活和工作问题时不再无所适从。二是从倡导者到教育者的转变，在开始介入外来工服务时，社工做的是政策倡导、志愿服务倡导、参与服务倡导等工作，随着工作的逐步深入，社工开始开展社区培训，逐渐帮助外来工居民增强其解决问题的技巧和能力。另外，作为各方资源的中介，社工盘活社区资源，从企业、政府、社区层面促进外来工融入社区，盘活社区资源，激发本来存在却没有发挥作用的资源，在更加宽广的层面促进外来工的社区融入。

## 2. 展望

（1）服务要更有层次，从兴趣、服务、新广居民自组织等多层面入手，逐步开展。

（2）注重宣传的时效性和及时性，社工在社会上的认知度还不高，尤其在 Z 街这样的农村社区，居民对于社工还存在认识不足的情况，需要我们加强宣传方面的工作。

（3）服务更加专业有效，虽然社工工作是从整个社区层面着手开展的，但是应以小项目的方式开展，更加注重服务的质量和效果，更加贴近服务个体。

## 点评：

本案例虽然文字精简，但能够深刻体会到社工对外来人口的需要有充分掌握。世界银行将社会包容定义为：改善个人和团体参与社会的条件，以及在弱势社群的身份基础上提高其能力和参与社会活动的机会。项目整个设计都跟随这个方向贴地而行，经济与就业融合、文化与小区融合都是比较好的介入策略，对他们搭建的三方协同平台，促进流动人口及外来工家庭的小区融合表示认同。建议社工可根据整个项目的理论框架作比较深入的梳理及分析，因为整个项目中，似乎在这方面比较单薄，若能够进一步系统地把整个服务框架梳理出来，本案例将更具参考价值并能够突出社工工作的专业手法。

（香港浸会大学社会工作学系讲师　李玉仪）

禁　毒　篇

# 危机介入　愈后新生

温敏华

今年 35 岁的案主曾工作稳定，家庭幸福。2005 年，他受到女友的引诱开始接触毒品，2005 年至 2014 年间持续有吸食毒品的行为。2014 年 6 月，案主因多次吸毒被公安机关查获，并执行强制隔离戒毒两年。

2016 年 4 月，案主出所后妻子跟他离了婚，案主争取到了儿子的抚养权，并决定承担起赡养母亲的义务。同月，社工到街道社区戒毒（康复）工作中心开展无缝对接工作。在座谈会上，案主主动提出希望社工能帮他戒毒，监督他的戒毒行为。在三年社区康复期间，案主积极配合工作人员工作，于 2019 年 4 月解除社区康复状态。

2019 年底，案主病重入院，社工了解到案主精神、经济、家庭等方面出现危机，经过评估，决定再次介入此个案。

## 一、问题需求分析及理论运用

经过分析，社工预估案主的需求主要有：

（1）疏导负面情绪，提升生存动力。父母在近两年先后离世，对案主是一个沉重打击。又因身患重病，医疗费用较高且无力承担，案主认为自己是一个累赘，缺乏生存动力，对未来生活感到迷茫绝望。

（2）解决医疗费用，应对生存危机。案主待业，病情危及生命，为父母及自身治病已花光所有积蓄，还欠下外债，医疗费是案主目前面临的最大问题。

（3）应对家庭经济困难，解决家庭生存发展。案主没有经济来源，还要抚养儿子，家庭经济及生存发展困境重重。

对此案，社工决定应用危机介入模式理论。危机介入模式是指围绕服务对象的危机而展开的调适和治疗工作，注重不同服务介入技巧的综合运用，目的是在有限的时间内快速、有效地帮助服务对象摆脱危机的影响。这要求社工迅速了解服务对象的主要问题，快速作出危险性判断，有效稳定服务对象的情绪，积极协助服务对象解决当前问题。危机介入模式有几个重要原则，包括及时处理、限定目标、输入希望、提供支持、恢复自尊、培养自主能力。

## 二、服务目标

长期目标：提高案主的生存动力及能力，提升其自信心，以更好地应对未来生活。

短期目标：安抚案主的情绪，引导发掘身边的正向力量，注入生活希望；链接正式与非正式资源，协助案主应对治疗费用，解决生存危机；引导案主重建愈后的健康生活模式，开启新生活。

## 三、服务计划及实施过程

### 1. 积极倾听，注入生活希望，提高案主应对危机的动力

案主于 2019 年 12 月致电社工，说明目前自己面临的困境。他因患有急性胰腺炎、重型糖尿病、消化道出血等疾病紧急入院，先后 3 次进入重症病房，最后因腹部积液问题转入广州市某三甲医院，因无法支付高昂的医疗费用，萌生了放弃治疗的念头。案主表达了自己的求助意愿，社工认真倾听他的诉求，经过沟通最终与阿坚口头上达成了服务协议。

社工与案主共同探讨，制订了可以缓解医疗费用压力的方案，积极引导案主正确宣泄负面情绪。从案主的自我倾诉中，社工了解到案主对父母的离世仍难以释怀，同时对自己患病欠下亲戚的钱，让弟弟垫付医药费和请假照顾他而感到自责。社工及时安抚案主的情绪，引导其看到身边关心自己的人，还有需要照顾的儿子，协助案主提升生存动力。

### 2. 整合正式和非正式资源，解决医疗费用危机

考虑到医疗费用是案主目前最大的困扰，解决这一困难对于他提振对未来生活的信心有着决定性作用，因此社工积极整合、链接资源，协助案主渡过这个危机。

社工先向所在街道相关部门反映案主的情况，了解到治疗结束后凭相关资料才能申请医疗救助。社工又向案主及其弟弟反馈，引导两兄弟商量是否还有其他亲戚朋友可以借钱。在应急未果的情况下，建议案主尝试通过众筹平台向社会大众筹集费用。社工开导他：每个人都有遇到困难的时候，人们会愿意在力所能及的情况下帮你一把的，关键是你一定不能放弃，也不能白费他们的爱心。康复之后好好生活，就是对他们最好的回馈。

案主采纳了社工的建议，社工协助案主弟弟发起众筹，在短短 7 天内筹集了 45 000 多元，缓解了案主的燃眉之急。案主的亲戚朋友知道这个情况后也陆续伸

出援手，凑齐了所有治疗费用。

经过一个多月的治疗，案主终于得以出院回家。社工也提醒案主，可以带相关资料到民政部门申请医疗救助，报销部分治疗费，如果需要出示证明，社工可以协助。

### 3. 发挥潜能，自主创业，促进回归社会

案主有近两年没有正式工作，社工得知他之前有多年从事餐饮行业的经验，引导他可以尝试从这方面入手。

社工与案主共同探讨自主创业，尝试在朋友圈小范围推广私房菜，逐步探索做起来。几番讨论之后，案主对创业的信心逐渐增强，选定了农产品和龟苓膏等手工甜品为创业出发点。

经过一段时间的推广后，由于案主一直用心坚持保质保量，以高标准要求出品，他的农产品和手工甜品得到了较多客户的支持。

现在案主每天都有不错的固定收入，还有不少老客户带来新客户，他也不断推出新的产品。社工及时肯定案主的努力和转变，并给予拍摄视频、微信推送等宣传渠道方面的支持，鼓励他继续踏实工作，用心经营小生意，正向影响和培养儿子健康成长。

### 4. 重塑正向生活信念，建立健康的生活模式

曾经半只脚踏入鬼门关的案主现在深深明白，健康才是最根本的。打铁要趁热，社工和他共同制定了健康生活的目标：保证 8 个小时的正常睡眠时间，每日至少运动半小时，一个月内喝酒不超过 3 天。现在案主每天早上坚持跑步 3 公里，生活规律了起来。经过社工的介绍，案主还加入了 ZC 区某拳击协会。接触到拳击之后，案主爱上了此项运动，还因此认识了新的朋友，将自己的一些农产品介绍给身边的朋友，打造了健康生活的社交圈子。他比以前更懂得珍惜当下，更懂得感恩。

## 点评：

当服务对象被多重问题困扰时，社工要协助其厘清解决问题的优先顺序。本案例中，服务对象面临生存危机，社工及时介入，链接优势资源，解决医疗费用，输入生活的希望，同时，挖掘服务对象内在潜能，帮助创业，督促诚信经营，最终促成服务对象向健康生活方式转变。建议后续开展服务时，社工可以引导服务对象积极参与公益活动，提升自尊和自信，更好地面对未来的生活。

（广州市大德社会工作服务中心执行总干事　陈健涛）

# 染毒致残　社工助力重现新生

郑小丹

## 一、服务背景

### 1. 基本资料

案主男，30 岁，未婚，初中文化，无业，精神二级残疾，曾是一名 K 粉、冰毒成瘾患者，毒龄 7 年。案主小学毕业后结识了一群社会青年，常常在社会上游荡。初中辍学，17 岁时跟随朋友到酒吧，为了跟风而吸食 K 粉，那几年案主经常出入酒吧等娱乐场所，K 粉成了每晚的必需品。20 岁左右在酒吧从业，22 岁因吸毒被公安机关行政拘留。24 岁时因毒致残，有精神二级残疾证。

### 2. 个案来源

案主当前的状态是戒断三年未复吸，因属病残、困难人员，社工定期与其面谈关心身心状况，及时评估服务需求，确定呈现问题后接案。

### 3. 个案现状

（1）家庭情况。

案主的父母在他十多岁的时候就离婚了，母亲已改嫁，案主和哥哥跟随父亲生活。案主的精神病会不定期发作，每日都要靠药物治疗，哥哥患有自闭症，父亲只能在家照顾案主两兄弟。一家人平日就靠案主每月的精神残疾补贴（约 200 元）来维持生活。当地村委在 2018 年初为案主一家三口申请了低保救济，救济金每月共 3 030 元。但好景不长，2019 年 7 月，案主的父亲因心肌梗死抢救无效死亡，这对于案主是个无情的打击。

（2）社交情况。

因精神残疾，案主已有 5 年没有外出工作，日常在村里就是和邻居聊聊天，基本上没有社交活动。手机微信里虽有几十个微信好友，但案主都忘记这些好友是谁了，平时都没有联系。

（3）休闲娱乐。

案主平日都在家，有时会在几个微信群里玩抢红包或者玩手机游戏，手机的其他功能都不怎么会用。听说网上可以购物，但自己不会操作。平时基本没有其他的娱乐方式，与社会严重脱节。

## 二、问题分析

### 1. 生理层面

案主因过往频繁染毒致使脑部神经受损，身体状况较差，会不定期出现剧烈头痛，无法正常工作。案主平日靠药物控制和稳定精神疾病，每月到镇社区医院开具精神药物，晚上还要服用助眠药品才得以入睡。案主具有基本的个人自理能力。

### 2. 心理层面

父亲离世导致案主的情绪不稳定，且没有人监督定时服药，精神状况无法控制，对案主的日常生活造成严重影响。另外，案主哥哥患有自闭症，经常将自己反锁在房间里，兄弟俩缺乏沟通支持。案主自父亲病逝后便产生轻生的念头，觉得做人没什么意思，对生活失去信心。需对其进行危机介入，做好心理辅导，及时输入希望，以免其因负面情绪做出非理性的偏激行为，对自己或他人造成伤害。

### 3. 经济层面

案主一家的低保申请人是其父亲，以往低保金都由父亲负责领取、分配，因父亲病逝，低保金无法领取，需到民政部门办理变更手续。对案主来说，低保金是唯一的生活来源，但由于往年吸食毒品，精神紊乱，记忆力差，案主缺乏解决问题的意识和能力。

### 4. 社会层面

案主长期缺乏社交，极少与朋辈间互动，也不与社区的其他人来往；日常的休闲娱乐方式单一，仅限微信和简单的手机游戏；社区支持网络薄弱，社区参与度和资源运用不足。

## 三、理论运用

### 1. 危机介入模式

危机介入是针对服务对象的危急状态而开展调适和治疗的工作方法，危机是一个人的正常生活受到意外危险事件的破坏而产生的身心混乱状态。危机通常可以分为两类：一是成长危机，即每个人在成长过程中需要面对不同的任务而产生的危机；二是情境危机，即因生活情境的突然改变而引发的危机。

### 2. 个案管理模式

为回应服务对象多重、复杂的问题和服务需求，促进多方联合，强化正式资源和非正式资源的整合和运用，落实个案管理服务，同时帮助社工明晰个案管理流程及操作技巧，给予个案管理服务的专业指引和支持，确保案主可以接收到服务、照顾的机会；社工与案主共同参与计划、协调、改进过程，通过这个过程使服务对象的需要得到满足，社会功能得以恢复。

### 3. 应用分析

本个案中，案主以往一直依赖父亲打理生活起居，但父亲去世后，原有的生活方式被打破，与哥哥关系恶化，生活来源也中断，案主一时不能适应，受到情绪困扰，处于极度低落状态。案主缺乏朋辈网络和社区资源的支持，对生活失去信心，一度产生轻生的念头，对问题采取回避方式，不能积极面对。针对此情况，一是需启动危机介入，抓住一切有利的、可改变的时机，倾听其倾诉，了解其感受，尽可能降低危机造成的危害，避免不良影响的扩大。二是输入希望，让案主真正体会到身边人对他的关心，让呈现的问题可以得到改善或解决，即调动其改变的愿望。三是启动个案管理，案主的问题涉及低保金领取、生活危机、兄弟关系、情绪等各方面的情况，社工将情况上报给综治办，由综治办作为总协调方，调动各方人员资源加入帮扶工作中。四是提供支持，引导案主多与村里同龄人或村居干部沟通，整合案主的身边资源，并提供适切的帮助，从而提升案主的价值感和被支持感，增强其面对和克服危机的信心。

## 四、服务目标

### 1. 长期目标
协助案主提升生活能力，构建社会支持网络，建立积极的生活模式。

### 2. 短期目标
（1）疏导案主的负面情绪，消除其轻生念头。
（2）寻求支持力量，协助案主解决低保政策方面的问题，缓解其经济压力。
（3）改善案主与哥哥的关系，促进双方互相沟通支持。
（4）引导案主掌握必要的生活技能，提高其适应能力。

## 五、服务计划

### 1. 入户访谈，深入了解
向责任民警、社区干部多方面了解信息，入户深入了解案主个人及家庭状况，并与案主建立信任、平等、尊重的专业服务关系。

**2. 及时提供情绪疏导，注入生活希望**

为案主提供情绪宣泄、心理辅导等帮扶，引导其分享内心困扰和真实想法，缓解其产生的负面情绪，同时督促其定时服用精神药物，稳定精神状况。

**3. 协助政策申请，恢复生活来源**

由街道综治办领导牵头联合民政、残联、派出所、村委、社工共同商讨介入方案，协助案主办理低保变更手续，及时恢复案主及其哥哥的生活来源。

**4. 资源链接，改善关系，传达温暖**

整合社区资源，带动相关部门及身边的人一同传达关心，让其感受到身边的温暖和支持，引导兄弟关系，增强其生活信心。

**5. 提高生活技能，增强生活信心**

引导案主学会规划日常生活，掌握必要的生活技能，增强其应对生活和困难的信心。

## 六、介入过程

**1. 第一阶段：多方会谈，结合案主需求对介入问题排序**

社工根据所收集的资料，与禁毒办、民政办、残联、社区医院、村委等职能部门开展会谈，共同分析案主所面临的各种问题，并对这些问题进行分类排序，从案主最迫切需要解决的问题入手。案主反映，哥哥没有把低保金分出来做日常生活费用，家里欠缺粮油和生活用品；没有钱买衣服替换和充手机话费；低保金由原来的 3 200 元/月变成了现在的 1 400 元/月，兄弟俩都不了解原因。结合案主的困扰和日常基本生活需求，社工和相关职能部门一致期望首要满足案主的衣食住行基本需求，去除其轻生念头，继而改善兄弟两人的关系，再引导案主提高生活能力，养成良好生活习惯。

**2. 第二阶段：建立专业关系，舒缓情绪，注入生活希望**

案主以往的生活起居全部由父亲打点，没有个人主见。父亲离世对其造成了沉重打击，社工在入户时发现案主家里摆设零乱，厨具已发霉，家里仅剩少量的面条、米、油和鸡蛋。案主表示晚上经常头痛失眠，胃口差，已经几天没做饭了，想吃的时候才会煮面来吃。哥哥白天基本都在睡觉，半夜才会醒来，如果白天被叫醒会发脾气。父亲去世后兄弟两人多次吵架，现在极少交流。案主与社工交谈时，表情麻木，不知所措，对生活失去信心。

社工积极倾听案主的诉说，运用同理心接纳案主现在无助的心情，协助案主舒缓负面情绪，给予情绪支持和辅导，并告诉案主有困难可以向社工或村委干部提出，社工会联合相关职能部门一起协助他渡过难关，给其注入生活的希望。案主对社工表示感谢。社工期望与案主的哥哥沟通，但在案主家中持续半小时的拍门及门外对话，案主的哥哥还是没有走出房门，说低保金确实只有 1 400 元/月，是直接打入账户的，都可以查。社工承诺会协助案主到民政部门了解低保金减少的原因，尽力链接资源缓解其经济压力。精康工作人员提醒案主按时服药，定期到医院复诊取药。最后社工鼓励案主两兄弟相互沟通支持，引导兄弟双方淡化矛盾。

案主态度有所转变，从一开始的消极回避变得积极配合，能表明问题和诉求，社工给予其心理支持及情绪疏导，缓解其失落的心情，增强其生活信心。

### 3. 第三阶段：注入生活希望，协助案主重新适应生活

社工联同职能部门共同关心案主的日常生活，为其注入生活希望，协助案主重新适应生活，逐步达至平衡状态。

中秋节之际，社工、禁毒办与村委准备了爱心慰问品（1 袋米、1 桶油、3 套衣服），一同送到案主家里。案主脸上露出了久违的笑容，说真正感受到生活中还是有人一直在关心他们的。

案主的精神状态比以往明显好了很多，会主动为社工及村干部递上热水，能正常自理日常生活起居，定时吃药，精神方面较为稳定。

### 4. 第四阶段：持续个案管理跟进问题，增强案主的支持感

社工携手村委干部协助案主跟进低保领取变更事宜，持续增强案主的支持感。村委协助案主两兄弟办理变更申请人手续，社工则向民政办咨询低保金减少的原因。民政办答复：以前案主及其父亲都有残疾证，所以低保金额会高一档，如今案主父亲已离世，而案主哥哥没有残疾证。虽然村委表示案主哥哥也是重度自闭症患者，但没有病史证明，所以案主哥哥的低保金较少，影响了总的低保金。考虑到案主哥哥无工作能力，兄弟二人也没有任何收入来源，民政办建议村委出具情况说明，若情况属实则可调整申领基数。

社工把民政办的答复及时反馈给案主，并告知村委，村委表示会尽快跟进。案主对社工的关心和帮助表示感激，并表示会把这个消息告诉哥哥。

### 5. 第五阶段：持续跟进问题，扩展案主的社区支持网络

经过为期两周的资料审核，案主及其哥哥的低保金成功调高一档，增加至2 500 元/月，下个月起全额发放。案主的监护人更改为哥哥（残疾人需具备监护人）。案主及其哥哥听到后十分开心。

社工向案主推荐了工作微信及 3 个志愿者的微信，以方便工作上的沟通，多层面关心案主的生活状况；也让案主关注了几个励志的微信公众号，拓宽其平日的生活圈，促使其增加对外界的了解，建立与社会的联系。

### 6. 第六阶段：引导案主重新规划日常生活

社工给予案主日常生活上的指导和支持，引导案主重新规划日常生活，提升生活技能。社工与案主一同讨论、制订每天的安排表，合理分配好时间，包括定期服药、做饭、做家务、玩手机、睡眠等方面，鼓励他建立新的生活模式。例如，9 点前完成梳洗及早餐，9～10 点志愿者和社工会通过微信向他了解健康情况，11 点村委干部到家随访，中午定时吃饭，下午时间自行安排，晚上 10 点前社工会电话或微信提醒服药后休息。案主表示会尽力配合，希望能调理好自己的身心状况。

通过社工的引导和支持，案主掌握了基本的生活技能，形成了良好的生活习惯，有效提高了生活信心。

### 7. 第七阶段：引导合理分配低保金的支出

由于低保金的申领人为案主的哥哥，因此社工联同村委干部与其沟通，期望合理安排两兄弟的日常生活开支，引导案主重新规划日常生活。经过多次沟通和引导，双方达成共识，案主哥哥每月分配给案主 1 000 元生活费，并每月带案主到社区医院接受门诊检查和开具精神药物，监督定时服药。

此前呈现的问题逐一得到解决，案主与哥哥的关系也得到了改善，案主对目前的生活状态感到满意。社工也对案主的努力和转变表示肯定，并表示在今后生活中如有困难可及时联系村委和社工，精康工作人员也会定期上门探访，了解案主的精神稳定状况，共同给予支持，鼓励案主继续以积极的心态面对未来的生活。

## 七、总结评估

案主的负面情绪来源于父亲病逝，以往的生活秩序和被人照顾的舒适状态被破坏，经济来源中断；在哥哥身上得不到支持，且社区支持关系薄弱，觉得自己无能力解决，由此对生活失去信心，产生轻生念头。社工及时进行危机介入，倾听其倾诉，了解其感受，注入生活希望。

在个案服务的过程中，社工以人为本，运用积极聆听、同理、共情、接纳的工作手法，联合有关部门整合相关资源给予支援，不仅改变了案主轻生的想法，还帮助其链接爱心慰问品，渡过困境，同时通过联动村委、综治办、民政、残联等职能部门，最终帮助案主成功办理低保变更及调整救助，让案主的基本生活得到保障。社工不断地给予案主支持、关心及鼓励，疏导其负面情绪，逐渐引导其建立对生活的信心，至此，案主能定期服药，精神状态已得到改善，能以积极的态度面对生活。

## 八、服务反思

本个案中，社工运用个案管理的介入方法，整合多个职能部门的资源和力量，针对案主的三个核心问题：心理状态、能力建设和支持关系，帮助案主重塑生活信心。当案主出现好的行为时，社工给予及时的肯定和鼓励；有困难或困扰时，社工给予帮扶和引导。

社工的角色是倾听者、支持者、资源链接者。社工注重案主的感受、生活环境和心理变化，鼓励案主积极改变，重建新的生活模式，也注重增强案主的家庭内部支持关系和社区支持网络，提升案主个人内在和外在系统应对困难的能力。

### 点评：

该案主管控状态为"戒断三年未复吸"，是曾经有吸毒史、可能因毒品伤害造成精神障碍导致精神残障（也可能是双相障碍）的人。根据社工提供的案主基本信息判断，本案例归属到精神健康社会工作领域或者残障社会工作领域更为合适。因为禁毒社会工作者的职业任务首先是提供戒毒康复服务，其次是开展帮扶救助。目前禁毒社工的服务对象以社区戒毒、社区康复人员为主，主要为社区戒毒、社区康复人员提供帮扶救助。

如果社工调整思路，按照精神健康类残障社会工作的方法，根据该案主问题多元复杂的特点，将问题按照优先级排序，采取协商谈判的方法去解决案主的需求，可能收效会更好一些。

（广东联众戒毒社会工作服务中心创始人　王高喜）

# 助"老毒友"去除标签　重建正面形象

赖润东

## 一、服务背景

### 1. 基本资料

案主男，43岁，未婚，小学文化。案主13岁辍学，跟着朋友在社会上不务正业，经济来源都靠家里提供。案主大概19岁开始吸食毒品，并尝试过"以贩养吸"，毒龄长达22年，是一名"老毒友"。长期染毒给案主的身体带来了极大影响，情绪变得容易狂躁，案主也因为这个问题到广州的医院检查过，检查结果是轻度狂躁症。

案主曾先后三次进入戒毒所接受强制戒毒，在本地辖区被社区居民排斥孤立，因此案主的情绪受到严重困扰。

### 2. 个案来源

社工在与社区康复人员定期面谈中发现。

### 3. 个案现状

（1）家庭关系。

案主父亲在2015年因心脏病去世了，弟弟于2007年因刑事案件被判入狱服刑至今未释放，妹妹已经远嫁甚少回娘家，联系较少。案主现与母亲共同生活。

（2）就业与经济。

案主一直没有稳定的工作，曾经打过几次散工。以往一直依赖母亲给予生活费，但母亲现今也60多岁了，没有收入，目前母子两人的日常生活开支都由舅舅负责。

（3）社交情况。

案主的社交圈子里都是毒友，基本没有不吸毒的朋友。

## 二、问题分析

案主有改变的动机，在与社工初次面谈时，案主坦言如果自己继续空闲下来容易受其他毒友引诱出现复吸，但又怕外出工作压力过大引发狂躁情绪。社工从案主本人及其家属、镇禁毒办、村委等方面收集资料，并结合社工对案主的观察和分析，综合对案主的问题进行了诊断，评估其服务需求。

### 1. 心理依赖较强，容易出现复吸情况

案主对毒品有较强的心理依赖，加之社会支持网络薄弱，导致案主多次出现复吸行为，曾因复吸多次被公安机关责令强戒。重构案主关于吸毒的不良认知，学习预防复吸的技巧，帮助案主解除毒瘾，并成功保持操守，是本个案服务中的重要内容。

### 2. 家庭成员关系紧张，内部支持网络薄弱

案主多次吸毒给整个家庭带来了较大的负面影响，家人对案主存在抱怨和不信任。除了母亲和妹妹外，案主与其他家庭成员的关系较为疏离，特别是之前长期照顾他们一家的舅舅都对案主失去了信心，不过舅舅依然愿意为他提供金钱上的帮助。家人希望案主戒掉毒品重新开始，但案主多次复吸，让家人对案主仅剩的一点信心也逐渐丧失。家庭是社区戒毒康复者重新融入社会的重要途径，因此，协助案主建立良好的家庭支持系统，对案主重新融入社会起着至关重要的作用。

### 3. 社会标签化和心理问题导致案主社区融入困难、就业受阻

案主吸毒一事在其生活的社区已家喻户晓，周边居民都担心案主会影响自己家里人，邻里关系疏离；同时案主也担心工作环境或工作压力会导致其情绪失控。在这种情况下，案主很难寻求就业，对此案主产生非常消极的想法，认为自己没用，失去了就业的信心。社工将通过搭建社区支持网络，协助案主解决社会融入问题，并引导其成功就业，逐步融入主流社会。

## 三、理论运用

### 1. 社会支持理论

社会支持网络指的是一组个人之间的接触，通过这些接触个人得以维持社会身份并获得情绪支持、物质援助和服务、信息与新的社会接触。一个人所拥有的社会支持网络越强大，就越能够应对来自环境的各种挑战。个人所拥有的资源又可以分为个人资源和社会资源。前者包括个人的自我功能和应对能力，后者是指个人社会网络中的广度和网络的人所能提供的社会支持功能的程度。该理论强调通过干预个人的社会网络来改变其在个人生活中的作用。

在本个案中，案主由于有较强的心瘾、容易受他人蛊惑、个人支持网络薄弱等原因，多次发生复吸，且社区的排斥、社会功能的进一步弱化，使得案主较为暴躁和消极。为此社工将着重协助和指引案主重新参与到正常的社交、生活环境中去，通过人在情境中的理论，进一步强化案主的社会功能。通过参与正常的工

作，在新的工作环境中，重建正向的社交圈子，找到自己的价值，重新回归到家庭和社会生活中，履行自身应尽的义务。

### 2. 标签理论

这种理论认为每一个人都有"初级越轨"，但只有被贴上"标签"的初级越轨者才有可能走上"越轨生涯"。一个人被贴上"标签"，是与周围环境中的社会成员对他及其行为的定义过程或标定过程密切相关的。因此，社会工作的一个重要任务就是通过一种重新定义或标定的过程，促使那些原来被认为是"有问题"的人恢复为"正常人"。

在本个案中，社工将引导案主观察跟他情况类似且成功戒毒、恢复良好家庭生活的正面案例，以及受毒品影响一生被毁的反面案例，增强其替代性经验。通过社工的引导、教育、告诫等，促进案主学习防复吸技巧，主动改善与家人的关系。此外，建立联动机制、对接相关资源，为案主创造良好的戒毒氛围，促使案主更好地表现自己，改善其在社区居民心中的评价，去掉以往臭名昭著的负面标签。

## 四、服务目标

经过与案主及其家人讨论与沟通，针对案主的问题与需求，社工制定了以下相应的服务目标。

### 1. 长期目标

帮助案主保持良好的操守，重新建立正向的自我形象和个人支持网络，顺利回归社会。

### 2. 短期目标

（1）重构案主关于吸毒的不良认知，学习预防复吸的技巧。

（2）提升案主的就业技能和就业信心，链接资源，协助其实现就业。

（3）协助案主缓和家庭关系，构建良好的家庭支持系统。

（4）提升案主的社会参与能力，增强其社会责任感，引导其逐步融入社会。

## 五、服务计划

### 1. 入户访谈，建立专业关系

入户访谈并对接相关职能部门，深入了解案主的个人及家庭信息，进一步完善档案资料，与案主建立专业关系。

**2. 提供情绪疏导，增强戒毒动机**

通过定期入户为案主提供心理辅导，缓解案主的负面情绪，重构案主关于吸毒的不良认知，学习预防复吸的技巧，鼓励其坚持戒除毒瘾，增强自信心。

**3. 链接就业资源，开拓正向生活圈子**

持续强化案主的就业动机，链接就业资源，鼓励案主就业，通过新的工作环境，扩大和更新人际社交圈，让案主减少与不良影响朋辈的交往，并承担起照顾家庭的责任，引导案主建立正向的自我形象。

**4. 增进家庭内部关系，协助构建家庭支持网络**

与案主家人建立信任关系，了解案主家人对案主的期望，促进家庭内部的沟通互动关系，提升案主家人对案主保持操守的支持，从而增强案主的戒毒信心。

**5. 提升社会参与能力，增强社会责任感**

提升案主的社会参与能力，引导案主参与社区禁毒志愿服务，增强案主的社会责任感，帮助他逐步融入社会。例如，分享"过来人"的成功经验，为社区戒毒人员搭建互助平台，提升案主的价值感和责任感，促使案主重建正向的自我形象，融入社区。

## 六、介入过程

**1. 第一阶段：建立专业关系**

社工对接案主所在的村委、片区民警及相关职能部门多方面收集案主的资料，综合评估服务需求，并与案主建立专业关系。刚开始接触案主时，他不理解社工工作，社工耐心、真诚地进行沟通讲解，从而建立了良好的服务关系。案主坦露心声，向社工讲述了个人吸毒的原因和发展过程，以及家人与社区居民对他的疏远。孤立无援的状况让他十分困扰，毒友的引诱也让他倍感压力。社工积极疏导案主的负面情绪，并说明目前相关法律法规对于戒毒康复人员的帮助，案主非常认同，并且接纳社工服务，有较强的戒毒意愿。

社工与案主共同探讨、确定了个案服务目标：缓解因压力带来的生理问题、预防复吸、实现就业、改善家庭关系和融入社会。

**2. 第二阶段：舒缓压力和负面情绪，增强戒毒动机**

社工一方面结合放松训练改善负面情绪对案主造成的生理影响，另一方面与案主共同回顾过往的戒毒经历，了解案主对其吸毒行为的认知。案主当时吸毒是跟着自己的小学同学在酒吧玩，被诱惑后进行了尝试。案主对当时的行为感到后悔，痛恨自己。

社工多次运用倾听、同理心和支持性的技巧疏导案主的负面情绪，引导其增强戒毒动机，案主因情绪压力带来的生理影响得以有效缓解，并增强了其保持操守的信心。

### 3. 第三阶段：识别、应对高危情景，建立联动机制

建立联动机制，通过案例讲解、情景演练等方式，重构案主关于吸毒的不良认知，并学习预防复吸的技巧。案主的抗诱惑能力较差，缺乏拒毒的应对方法，社工引导案主参与禁毒宣传活动，观看吸毒危害个人及家庭的现实案例，以及国家的相关法律法规，帮助案主正确识别高危情景，并教育他如何采取正确的应对方式，提高其防复吸意识和技巧。

另外，在案主的同意下，社工每次与案主面谈后都会与其母亲、村委干部、禁毒办专干沟通，反馈跟进成效，联动多方支持，及时关注案主的需求。也与辖区辅警建立联动监督机制，指引案主完成社区戒毒定期尿检，保障其维持操守的执行性。

### 4. 第四阶段：提升就业能力和信心，促进实现就业

提升案主的就业能力和信心，链接资源，协助其实现就业。社工向案主分享了一些戒毒康复人员成功就业、健康生活的案例，案主表示很羡慕，也希望自己能有这样的生活。社工借此与案主探讨未来的就业规划，协助他链接就业资源，案主担心自己应付不来，社工及时给予鼓励和支持，案主决定试一试。于是社工与案主讲解面试时的注意事项，并对接禁毒办寻找就业资源，在禁毒办的支持下，案主到 ZC 某电子厂求职，顺利通过了面试并被录用。

社工还让案主分享顺利通过面试被录用的成功经验，强化成功经验带给案主的正向感受，及时肯定案主的进步，引导其提升自信心。

### 5. 第五阶段：促进家庭沟通，重建家庭内部支持关系

增进案主与家人的沟通互动，改善家庭关系，恢复家庭内部支持功能。社工在入户访谈中了解到，除了案主母亲对案主的态度没那么疏远外，案主的其他亲属对案主都十分疏远。特别是案主的舅舅在提及案主时情绪较激动，表示受到很大伤害，自己尽心尽力去帮案主，而案主在一次吸毒后不仅打伤了他，还放火烧了他的仓库，因此对案主非常失望。

社工告知其案主现在已参与就业，并决心戒毒，希望家人多给案主一些时间与支持，同时鼓励案主多主动与家人沟通，工作上和生活上有什么压力或想法应及时表达，并尝试逐步承担起照顾母亲的责任，让家人看到他的进步，这有助于重建他人的评价和构建良好的家庭关系，也更有利于他保持操守。

### 6. 第六阶段：建立正向形象，促进社区融入

引导案主参与社区戒毒志愿服务，提升个人价值感和社会责任感，促进社区融入。案主逐渐适应新工作，在工厂里认识了一些不吸毒的朋友，有了正向的社

交圈子，与家人的关系也有所缓和，目前的情绪状态和戒毒过程都比较稳定。社工向案主了解是否有意愿参与社区戒毒志愿服务，如分享"过来人"的成功经验，案主表示非常愿意为其他吸毒人员分享自己的亲身经历，让大家引以为鉴。案主多次参加社工开展的"浪子回头金不换"小组，并经常到戒毒康复中心和社工探讨戒毒康复的方法并加以行动。

起初，案主参与志愿服务的意愿不高，担心会被其他人排斥，社工尊重案主的个人意愿，理解其顾虑，也表达了鼓励和支持。过了一段时间后，案主表示愿意担任禁毒志愿者，并在参与社区志愿服务方面展示了较高的参与度和投入度，多次参与入户宣传教育和戒毒康复人员的帮扶帮教，多次在居民和戒毒康复人员面前肯定社工的工作和能力，让更多人认识到禁毒社工。同时社区居民对案主的态度也在不知不觉中发生了转变，案主也渐渐感受到社区居民传达出的善意和接纳心，对往后的戒毒之路更有信心了。

## 七、总结评估

### 1. 评估方法
（1）反馈评估。

社工鼓励案主口述自己的改变过程，案主表示至今没有复吸，保持操守已有一年，周边居民对其的态度有了很大的改变，其在家人与社工的帮助下已步入正常生活。

（2）访谈式评估。

社工通过入户、访谈的形式进行评估，案主对未来的生活持乐观态度；家属反馈案主跟家人的沟通互动增多了，很多事情都会一起商量、有规划地去做；与其他亲属的关系也有所改善；社区禁毒专干、辅警和社区居民都反映案主的进步非常大。

（3）观察式评估。

社工通过观察案主的精神面貌，与家人和其他社区居民相处时的状态，以及积极参与社区志愿服务的表现，认为案主有明显的转变。

### 2. 服务成效
社工与案主建立了良好的专业服务关系，案主从初次见面对社工工作的不理解，到坦诚自己的吸毒经历以及内心的担忧、压力。社工通过面谈、家访、走访等，深入了解案主的问题及需求，与案主共同探讨、确定服务目标，并制订有针对性的介入计划。

在个案服务过程中，社工运用了倾听、同理、接纳、情绪疏导等专业服务技巧，缓解负面情绪对案主的影响；重构案主关于吸毒的不良认知并学习预防复吸的技巧，增强案主的戒毒动机及信心；通过链接就业资源，协助案主实现就业，积累成功经验，开拓正向社交圈；戒毒动机的增强和成功就业也促进案主改善了与家人的关系；参与社区禁毒志愿服务提升了案主的价值感，重新建立了自我形象，促使案主有效融入社区。

## 八、社工反思

社工在个案服务的开始阶段就与案主共同确定服务目标和计划，聚焦了服务方向，达成一致意见。对于服务介入的次序，社工先从缓解压力带来的生理问题入手，这是案主较为关注的当前急切需要解决的问题，然后通过提升其戒毒动机和链接资源促进其成功就业，及时引导案主家人看到其改变，提升了家人对案主的康复信心，有效促进了案主家庭关系的修复。

社工的介入有效解决了案主的问题，同时有着质的收获，社工促使案主去除了标签，从"瘾君子"转变成社区禁毒志愿者，扭转了以往的负面形象，拉近了案主与家人、社区居民的关系，从而使案主以积极向上的心态保持操守、融入社会。

### 点评：

禁毒社会工作服务经验需要与理论进行对话才能验证经验的可靠性，才能建构模式或者新的理论。禁毒社会工作常用的社会学理论有社会生态理论、社会病理理论、社会支持理论、增能理论、认知行为理论、标签理论、价值冲突理论、社会化理论、社会场域理论、代际隔离理论等，理论很多，需要对话，但不能生搬硬套。

本案例从标题和内容都未能看出案主成为禁毒志愿者是方法还是结果。如果是方法，社工应该详尽讲述运用仪式感治疗的方法，即如何使案主通过参加志愿者活动而达到康复和回归社会的目的；如果是结果，显然，一两次的志愿活动什么也代表不了，或者是社工没有在本案例中把真正的结果描述出来。

案主基本信息资料不全暴露出社工基本功不足，典型案例不是记流水账，需要提炼。

(广东联众戒毒社会工作服务中心创始人　王高喜)

# 信 访 篇

# 齐心协力　为民排忧
## ——关于年过七旬信访长者邻里纠纷的个案管理

梁晓华

## 一、案例背景

案主女，76 岁，低保户。2019 年 6 月 1 日，案主房屋前的危房突然倒塌，案主家大门被泥砖砸烂，大门前道路被泥砖掩盖，严重影响其出行。随后案主致电村委求助，要求邻居阿伟（化名）清理门前泥砖及赔偿大门损失。当天晚上，村委前往案主家中协助其清理门前障碍物，并联系邻居阿伟，但是阿伟拒绝清淤及赔偿大门的损失。

## 二、接案

案主多次走访村委、公安部门及民政部门，都没有得到满意的结果，阿伟依然坚持拒绝赔偿。原因是阿伟认为其曾经向村委申请危房改造，村委没有批准通过，政府既已认定是危房却不批准重建，其认为是政府的责任，让案主找政府索赔。案主则认为危房权属人是阿伟，其有承担赔偿的责任。

两个月后，案主前往仙村镇信访办上访，希望通过法律途径要求邻居阿伟赔偿。仙村镇信访办将此案件转介信访社工，由信访社工协助跟进。

## 三、需求评估

### 1. 社会支持需求
（1）案主缺少正式资源。案主曾求助于村委及信访办，但没有得到真正的解决方法，其打算通过法律途径解决，但缺少律师资源等。

（2）案主缺少非正式资源。案主 76 岁，育有两个女儿，属于纯女户。案主早年丧偶，独自一人抚养两个女儿长大，后女儿远嫁外地，且家庭经济压力较大，无法时刻陪伴。案主独居多年，因没有儿子，时常感叹自己一人孤独终老。

### 2. 法律援助需求
案主缺少法律知识。案主协商不成，打算通过法律途径，要求对方赔偿。但案主不懂如何起诉，因此前往信访办求助。

### 3. 心理疏导需求

案主缺少心理支持。案主性格悲观，缺乏安全感，在原环境改变后案主无法像往常一样入睡，夜晚到来的时候，其会感到害怕。

### 4. 沟通需求

邻里双方存在沟通问题。案主因诉求问题多次追讨赔偿，邻居阿伟则担心赔偿金额过高，多次回避案主，双方存在一定的沟通问题。

## 四、理论依据

### 1. 生态系统理论

以生态系统理论作为理论依据，案主家庭目前处于空巢期，案主年事已高，丈夫早逝，且女儿生活条件欠佳，对养老问题十分担忧。当外部环境受到破坏后，案主十分忧虑，对此在微观层面，社工从陪伴与帮扶的角度介入，与案主建立沟通互信关系，及时给予情感上的帮助与支持；在中观层面，社工联动各部门协助案主解决诉求；在宏观层面，社工从社会倡导出发，倡导政策问题，促进社会公正。

### 2. 个案管理

个案管理指的是由社会工作专业人员为一群或某一服务对象统整协助活动的过程。过程中，不同部门的工作人员相互沟通协调，以团队合作的方式为服务对象提供所需之服务，并以扩大服务之成效为主要目的。个案管理以同时遭遇多重问题的个人或家庭为服务对象，由专业社会工作人员评估服务对象的需要，适当安排、协调、监督、评估及倡导多元的服务，以满足服务对象的复杂需要。个案管理倾向于强调运用社会资源协助服务对象满足其需求，因而，不仅关注服务对象的生理和心理状况，同时也关注服务对象所处的环境。因此，个案管理应用于信访工作，有利于链接、统筹各方资源，更好地、可持续地满足服务对象的需求。

## 五、服务目标

（1）第一阶段：评估成因，协助案主申请法律援助。

（2）第二阶段：为邻里双方搭建沟通桥梁，解决赔偿问题。

（3）第三阶段：联络相关部门探讨清理淤泥的问题，让案主回归正常生活。

## 六、服务计划

### 1. 入户跟进

通过了解案主的居住安全、大门损失情况及案主的家庭情况等，及时链接法律资源，协助案主申请法律援助。

### 2. 建立专业关系

与案主建立专业关系，进行情绪疏导，并搭建邻里双方的沟通桥梁，村委、挂村部门、信访办及社工四方联动，为案主召开协调会，共同探讨解决方案。

### 3. 回归正常生活

通过协商，由邻居赔偿案主大门的损失，由村委及挂村部门解决淤泥及危房问题，共同为案主解决问题，让案主回归正常生活。

## 七、服务过程

### 1. 第一阶段：评估成因，协助案主申请法律援助

社工来到案主家中，被眼前的景象惊呆了。案主房屋旁边就是危房所在地，危房虽已倒塌，但还剩下一面高约 3 米的墙未倒。另一边，已倒塌的泥砖已经把水沟完全盖住，泥砖与泥土倾向案主的房屋，如果再来一场大雨，案主的安全难以得到保障。

案主独自一人居住在 40 平方米左右的房子里，房子虽小，却很干净。房子的大门明显已损坏，门上玻璃严重破碎，门锁已无法锁上。据案主所述，2019 年 6 月 1 日的晚上，屋外倾盆大雨，她在家中睡觉，突然听到门外一响，把其吓醒。她急忙赶到门前，发现门已被堵，无法出去。案主马上致电女儿。由于案主女儿远嫁外地，无法了解其真实状况，便通过电话联系到附近的邻居到现场查看案主的安危，确定案主安全后联系村委，希望村委协助其解决实际问题。

村委得知状况，马上安排工作人员一同到达现场，协助案主清理门前障碍物，保障案主安全出行。案主的安全问题算是暂时解决了，那么后续呢？大门的损失、淤泥的堆积等一系列的问题缠绕着案主，使其心情无法恢复平静。

由于案主的大门受损严重，无法上锁，案主每天晚上担惊受怕，久久不能入睡。案主曾多次联系危房权属人阿伟，希望其能承担损坏大门的责任，阿伟便找师傅评估大门的损失。由于大门受损严重，师傅明确表示无法维修，需要更换。阿伟则认为更换大门的费用过高，以此属政府责任为由拒绝赔偿损失。

2019 年 8 月 5 日，案主来到信访办求助，这是社工与案主的首次会面。案主

表示希望通过法律途径，要求邻居阿伟赔偿。

社工就案主的情况作出预估分析，其属低保户，社工可以通过联络司法局，链接法律资源，协助其申请法律援助。即日，社工陪同案主及其家人一同前往司法局咨询相关情况，被告知需要到村委开具相关证明，拍摄照片及视频，并提交更换大门产生的相关费用的证据（发票证明），才能申请法律援助。由于案主及其家人对法援流程不了解，驻点律师耐心解释，社工在旁协助解疑，待其清晰明了，社工再次陪同案主到村委开具证明，案主家人自行拍摄照片、视频以及更换大门。相关材料准备完毕后，案主致电社工，告知邻居阿伟要求协商处理。

## 2. 第二阶段：搭建沟通桥梁，解决大门受损问题

社工联系信访办，由挂村部门、村委牵头，为双方召开协调会。协调会当天双方争执不下，无法协商一致。村委提出由邻居赔偿新门的八成费用，案主表示同意，阿伟却表示拒绝，其拒绝原因有二：一是大门原是旧门，每年均有损耗，折旧下来理应赔偿六成，而非八成。二是房屋虽已定性为危房，但其早在2016年的时候就已申请危房改造，因政府没有通过审批才导致其无法重建。现因自然灾害导致危房倒塌，非人为所致，其认为政府理应承担相应责任（其承担六成，剩余的两成由村委承担）。

村委回应，危房改造名额及资金有限，民政办会先从五保户、特困户、三无人员、困难户以及低保户等开始筛选，而阿伟非困难户，且年龄不足60岁，家庭经济良好，且非唯一住房，因此无法通过审批。政府已出具危房整改通知，要求权属人自行拆除，因此，阿伟是在已经知道是危房的情况下仍拒绝拆除危房。XC镇建设办工作人员表示，政府会承担相关清淤责任，但赔偿的责任需要由阿伟承担。阿伟表示不接受。

由于双方不肯退让，无法协商一致，协调会就此终止。案主离开后情绪波动极大，其认为时隔两个月有余，对方一直避而不见，现得知其打算起诉才主动联系。由于案主的心情受到了一定的影响，其女儿联系社工，询问社工现在该怎么办。社工马上赶到案主家中，对案主疏导情绪、梳理诉求、分析情况、给出建议。通过与社工交谈，案主心情慢慢平复，愿意听取社工建议，并让社工作为第三方与对方沟通，表示愿意静候沟通结果。

社工受托约谈邻居阿伟，通过与阿伟交谈得知，阿伟家庭经济条件有限，一次性支付赔偿金对其来说有困难，若分期支付担心案主会不同意。且阿伟虽承认此意外自己有相关责任，但心有不甘，认为政府亦需要承担相应责任。交谈完毕后，社工联系村委汇报相关情况。村委告知社工，阿伟的一个堂兄已经与其联系，表示愿意垫付阿伟剩余的两成赔偿款，协助阿伟把眼前问题先解决。

最后，在多方的见证下双方签订调解协议，由阿伟赔偿大门的八成金额给案主。

**3．第三阶段：联络相关部门解决清淤问题，让案主回归正常生活**

案主与邻里的纠纷暂时告一段落，但是事情并没有因此而结束。案主是一个很缺乏安全感的人，她一个人在村里居住，原可以安安稳稳地度过余生，却因天有不测风云把原来整洁干净的环境弄得支离破碎，让案主时刻担心着自己的安危。她现在每天开门看到的就是一堆随时会倒下来的泥土，心情无法好起来，整天闷闷不乐。

社工在协助案主处理邻里纠纷期间已多次与信访办及挂村部门联系，政府表示愿意承担相应责任，协助拆除危墙并清除淤泥，还案主一片干净安全的环境。在文件下达的第二天，村委马上联系施工队将危墙拆除，社工协助将淤泥清理干净，此事终于画上完美的句号。案主对此表示很满意，非常感谢政府以及社工的帮忙。

2019 年 11 月 5 日，案主到信访大厅送上"心系百姓，为民排忧"的锦旗，表达对信访工作人员及信访社工的感谢。

## 八、服务成效

社工在跟进服务过程中，首先，通过分析原因，协助案主链接法律资源，陪同其走司法途径；其次，搭建沟通桥梁，引导双方协调解决；最后，联络相关部门，协助案主邻居拆除围墙及清理建筑余料，助案主回归正常生活。如今，案主的诉求已解决，并送上了一面"心系百姓，为民排忧"的锦旗，表示对区信访局及信访社工的感谢。当地街道办、信访部门、村委对信访社工介入此案表示认可，通过信访社工的关怀，有效平息了信访人心中的怨气，让信访人对政府、职能部门产生信任，理解及支持政府开展工作，重回协商平台，推动矛盾化解。

## 九、总结反思

**1．社工陪伴**

在服务中，社工运用生态系统理论，分析案主的问题，在介入的初始阶段，对案主而言，陪伴者的角色尤其重要。社工的陪伴，让案主的情绪得以缓和，心理上有了支持。案主缺乏安全感，主要源自女儿外嫁，案主独自一人生活难免会感到孤独。社工与其女儿沟通，让其常回来探望或电话联系案主，以减少案主内心的孤独感。其女儿也意识到问题所在，答应社工会经常探望母亲，让案主在情感上得到更大力度的支持。社工在此扮演了协调者、服务提供者、资源链接者以及陪伴者等多种角色。

**2．多方联动**

案主的诉求涉及多个部门，服务过程中需要协调各个不同部门的工作人员，以团队合作的方式为案主提供所需之服务。因此社工采取了个案管理模式，通过信访办、挂村部门、村委、司法局等跨部门的密切配合，各司其职，为案主解决实际问题。邻居阿伟开始的态度是拒绝赔偿，案主原打算通过司法途径解决。但司法裁判针对的仅仅是个案，解决的是分清是非和责任的问题，易导致矛盾激化，不能根除矛盾、化解纠纷，而且司法判决在执行过程中存在困难。因此，社工引导双方协商解决问题，尽可能减缓矛盾上升，减少公共资源浪费，缓解邻里关系矛盾。

3. 社会倡导

在信访社会工作服务领域，由于经常会遇到一些政策上无法满足信访群众的问题，因此信访社工需熟读政策，掌握相关法律知识，为服务对象宣导政策，引导其理性信访。本个案涉及危房改造政策问题。在以往的政策里，危房可以到村委申请危房改造，经批准后重建，但由于2018年政策变动，全区所有自建房停建，因此出现很多因无法建房而上访的人群。由于缺少政策支持，案主邻居阿伟无法进行危房改造，其担心危房倒塌后不再以房屋的形式存在，仅以土地的形式存在，因此把责任归因于政府。社工接触此类型个案，需要耐心引导，运用情绪疏导等专业方法，逐步解开信访人的心结。同时，倡导符合一户一宅的村民，批准其建房，减少因停建而上访的频次。若相关的建房政策能更完善、细致、具体，那么针对案主及类似群体的服务则会更有时效和成效。

## 点评：

此案例是日常生活中比较普遍的邻里纠纷事件。案主原本平静的独居生活，因邻居危房倒塌而突然被打破，两个女儿又远嫁外地，一时孤立无援。信访社工及时伸出援手，首先分析案情缘由，进行案主需求评估，梳理出案主存在社会支持、法律援助、心理疏导及邻里沟通等需求，运用生态系统、个案管理等相关理论和专业方法，从案主服务需求出发，制订合理的服务目标和服务计划。

信访社工通过社会倡导，链接多种资源，循序渐进、分阶段地开展服务。首先通过建立关系，协助服务对象链接法律资源，陪同其走司法途径；其次搭建沟通桥梁，引导双方协调解决；最后联络相关部门，协助案主邻居拆除围墙及清理建筑余料，成功帮助服务对象回归正常生活。

信访社工结案后对服务成效进行了专业反思，使自己在服务过程中得到专业成长。但要注意语言通顺，用词准确，提升服务文案的写作水平。

（广东财经大学教授　童远忠）

# 五方联动　力促案主息诉罢访安享晚年
## ——理性情绪治疗模式在信访个案中的运用

张婷婷

## 一、服务背景

### 1. 基本情况

案主女，68 岁。2016 年 3 月 8 日，案主在合作社组织的旅游途中发生意外事故，导致双腿截肢，从此，生活发生了翻天覆地的变化。失去双腿的打击让案主难以承受，心理及生活从此变得阴暗、消极。虽然保险公司已作出 100 多万元的赔偿，双方已明确责任主体及赔偿金额，但案主坚持把意外的责任归因于合作社，要求合作社对其作出赔偿。

### 2. 案例来源

2018 年 8 月起，案主多次前往区信访局反映诉求，要求政府为其主持公道。案主的情绪及行为表现容易失控，多次在信访大厅卸下假肢并滞留，向其他来访群众诉说自己的惨痛经历，引起工作人员及周围群众的关注，对信访大厅的服务秩序造成了不良影响。案主的主要诉求有两个，一是合作社需对其意外进行 8 万元生活补偿，二是要求政府批复农村建房许可审批。镇街信访部门多次解释，并协调村委共同疏导，但收效甚微，因此区信访局把此案件转交社工，由社工协助接访，首先消除案主在信访大厅的非理性情绪及行为，进而对其进行情绪疏导，解开其心结，并联动镇街、律师、村委等力量推动矛盾化解。

### 3. 案例概述

社工接案后，经多次入户探访、陪伴，案主才与社工建立了信任关系，并把生活琐事、婆媳关系、内心疑虑等向社工倾诉。慢慢地，社工得知案主与媳妇关系紧张，双方矛盾较深，互不理睬。儿子儿媳因案主的照顾问题时常争吵，案主担心晚年养老问题，尤其是在意外发生后，案主失去了原本在家中的地位、尊严、价值，面对残疾生活，无所适从，截肢后的伤痛也让案主彻夜难眠、无法释怀。因此，案主希望合作社能对其作出经济补偿，希望政府能批复农村建房许可审批，让其与丈夫同住，避免与儿媳同住产生矛盾。

## 二、问题及需求分析

### 1. 情绪障碍

因突发交通意外导致双腿截肢的事件处理没有满足期望，案主出现严重的非理性情绪与行为，把责任归因于合作社，通过缠访、闹访、脱假肢等行为宣泄情绪，向政府施加压力，因此，需要情绪疏导，转变其非理性信念。

### 2. 家庭矛盾

因突发车祸导致双腿截肢，案主家庭成员之间的沟通出现分歧，儿子与儿媳常因照顾问题及在家安装残疾人日常生活设施设备争吵，儿子儿媳的夫妻矛盾，直接增加了婆媳之间的敌对情绪，需做家庭关系调适。

### 3. 纠纷处理

案主的主要诉求是认为合作社对其意外有较大责任，要求合作社对其进行赔偿。此诉求经当地镇街调查处理，已出具《履职答复意见书》，明确告知此事侵权赔偿人为某旅行社，事故发生后当地镇街、村委、合作社积极协调处理后续事宜，事故造成的伤害已通过法律途径获得相应赔偿。需为案主梳理诉求，从"情、理、法"的角度出发，共同推动案主与合作社之间的纠纷协调解决。

## 三、理论依据

### 1. 理性情绪治疗模式

理性情绪治疗模式的主要理论为 ABC 理论。人们通常会认为人的情绪及行为反应是直接由诱发性事件 A 引起的，即是 A 引起。但 ABC 理论指出，诱发性事件 A 只是引起情绪及行为反应的间接原因；而 B——人们对诱发性事件所持的信念、看法、解释才是引起人的情绪及行为反应的更直接的起因。人们的情绪及行为反应与人们对事物的想法、看法有关。在这些想法和看法背后，有着人们对一类事物的共同看法，这就是信念。合理的信念会引起人们对事物适当的、适度的情绪反应；而不合理的信念则相反，会导致不适当的情绪和行为反应。当人们坚持某些不合理的信念，长期处于不良的情绪状态之中时，最终将会导致情绪障碍的产生。

本案案主的事件 A 是突发交通意外导致双腿截肢；产生的信念 B 是案主把所有责任及后续产生的各种事项都归因于合作社，对合作社敌对情绪严重，要求合作社也必须赔偿，不赔偿就去上访、闹访，闹到合作社赔偿为止，有"过分概括化"和"绝对化要求"的明显特征；C 是不合理信念导致的行为结果，也就是上述的缠访、闹访等行为。

### 2. 个案管理模式

个案管理指的是由社会工作专业人员为一群或某一服务对象统整协助活动的过程。过程中，各个不同部门的工作人员相互沟通协调，以团队合作的方式为服务对象提供所需之服务，并以扩大服务之成效为主要目的。个案管理以同时遭遇多重问题的个人或家庭为服务对象，由专业社会工作人员评估案主需要，适当安排、协调、监督、评估及倡导多元的服务，以满足服务对象的复杂需要。个案管理运用于信访工作中，能清楚地呈现出案主的问题、需求，同时可通过整合相关部门的力量，共同推进问题的解决。

## 四、服务目标

### 1. 总目标

引导案主回归理性，助力矛盾化解。

### 2. 分目标

（1）提供心理疏导与情感支持，帮助案主从负面情绪中走出来，引导其回归理性。

（2）重建家庭成员之间的沟通，促使家庭成员之间相互理解，缓冲家庭矛盾。

（3）搭建案主与合作社之间的沟通桥梁，推动化解双方矛盾，实现访调对接。

## 五、服务计划

### 1. 服务策略

（1）快速介入，系统访谈，作出预估。

向街道信访部门、挂村负责人、村干部及案主丈夫，了解事件来龙去脉、相关部门及村委曾作出的处理、村委的处理方案、案主的要求等。

（2）建立关系，优先处理情绪及家庭矛盾。

一是通过入户探访、倾听、陪伴、共情等技巧与案主建立专业信任关系，舒缓其内心矛盾冲突情绪；二是做家庭关系调适，协助案主儿子儿媳解决沟通上的分歧，争取夫妻双方相互理解与支持，减轻案主儿媳内心的不满与委屈，从而使婆媳矛盾得到缓和。

（3）多方联动，沟通与协调并进。

以个案管理的方式，达成多部门联动，包括区局、镇街、村委、律师、社工等多方联动，从"情、理、法"的角度引导案主回归理性，有效实现访调对接。

2. **实施过程**

（1）第一阶段：建立关系，掌握动态，评估成因。

社工入户探访，白天只有案主夫妻二人在家，其儿子儿媳上班。案主的丈夫性格温和，社工从其处也对案主的身体、家庭、上访等情况作了了解。经过几次入户探访，社工与案主的专业信任关系逐渐建立起来，案主对社工的态度也从半信半疑到接受、信任。在陪伴中，社工了解到案主年轻时候很风光，善于经商，独当一面，家庭地位较高。意外发生以后，一切都改变了，案主难以面对。在倾诉中，案主透露自己最不能接受的是儿媳与儿子因在家中安装残疾人日常生活设施、购买电动轮椅、康复治疗费用等发生较大分歧。上访事件方面，案主丈夫对案主的执着表示无奈，意外发生后家庭矛盾重重，儿子因心疼母亲，常会责怪妻子照顾不周，儿媳受了委屈，进而把"气"宣泄到案主身上，形成恶性循环。案主性格要强，两人互不理睬，婆媳矛盾日趋严重，这让案主更加担心晚年养老没有着落，因此要求合作社作出经济补偿，与丈夫搬出去住，明知政策不允许，也要求镇街批复农村建房许可审批。上访背后的问题根源是家庭矛盾。

（2）第二阶段：情绪疏导，重建家庭沟通互动方式。

社工分别与案主，案主的丈夫、儿子、儿媳单独进行了面谈，通过换位思考的方式让他们了解对方的感受，并与他们分析目前家庭所面临的问题，包括案主的上访问题、心理困境、康复问题、照顾问题等，而后组织他们开展家庭会议，在会议上一起讨论案主的照顾安排、安抚工作，并达成了一致意见，讨论决定由案主丈夫负责照顾起居、吃饭、冲凉等；儿子每周负责接送做康复理疗，定期到医院检查；儿媳负责买菜、搞卫生、照顾孩子。同时，社工及时指出了一些阻碍沟通的行为和情绪，分享了一些沟通的技巧和舒缓压力与情绪的办法，协助他们建立良好的家庭互动方式。经过一个月的实施与观察，社工发现案主的情绪慢慢趋向平静，脸上的笑容也多了，从言谈间可感受到她的执着程度下降了许多；案主的儿媳也坦言自己的生活慢慢恢复正常，不再像从前那般手忙脚乱，婆媳之间的僵化关系也得到了缓解，夫妻关系也好了许多。

（3）第三阶段：梳理诉求，转变案主非理性信念，引导其回归理性。

经系统评估，案主的情绪趋向稳定，家庭矛盾得到缓和，生活逐渐回归正轨，社工展开对案主诉求的梳理与思维引导。自意外发生后，案主的思维里带有明显的"过分概括化"和"绝对化要求"的特征，社工通过运用理性情绪治疗模式帮助案主转变非理性信念，走出情绪困境。案主知道合作社曾为自己垫付了

8 万元医疗费用，案主认为合作社有责任为其治疗，不想归还借款，因此反过来有"要求合作社赔偿 8 万元"的想法。首先，社工帮助案主整理思维与情绪，案主向社工诉说自身的痛苦感受，并认为如果不是合作社组织旅游，自己就不会发生意外，也不会落到家人厌弃的田地。社工帮助案主重新建立认知，让其回想意外发生后丈夫不离不弃的照顾与陪伴、儿子的焦虑与担心，儿媳把孙子寄养在娘家，尽心尽力照顾的情景，虽是飞来横祸，但家人齐心协力，对其不离不弃。然后，帮助其认识意外发生后村委及合作社的关怀与帮助，募捐救助金 1.5 万元、垫付医疗费用 8 万元、出资定制假肢、上门慰问、积极协助其家人通过法律程序获得相应赔偿等，使其态度软化，并帮助其消除非理性信念产生的内心对话方式，引导其回归理性。慢慢地，因家庭关系的改善，案主开始接受第二个诉求"农村建房许可审批"全广州市暂停，不能以此作为交换条件的事实。关于第一个诉求"要求合作社赔偿 8 万元"的非理性想法，也通过疏导得到修正。案主知道自己欠合作社的 8 万元需要归还，有困难应与合作社沟通商量，不能因为有困难而反过来说合作社应该赔偿 8 万元。最后，案主回归理性，表示不再把意外的责任归咎于合作社，但提出希望欠合作社的 8 万元在其每年的分红里逐年扣除。

（4）第四阶段：搭建沟通桥梁，理性协商，推动矛盾化解。

社工把跟进的情况及案主的要求反馈给区信访局、镇街及村委，经研究探讨，案主已逐渐回归理性，情绪较稳定，且期望值已降低，建议借此契机进行协调沟通，推动案件的解决。因此，由区信访局牵头，召集镇街、村干部、律师、社工、案主丈夫，多方联动，首先由信访大厅负责人解释答复意见，律师从法律的角度解释意外的赔偿与责任分摊，镇街分管领导、村干部及社工为案主梳理意外发生后的种种，动之以情，晓之以理。合作社本着对社员的关爱及考虑到案主的难处，答应案主的要求，其欠合作社的 8 万元可在其每年的分红里逐年扣除，案主答应息诉罢访，不再追究合作社的责任，此事告一段落。春节来临之际，村干部及社工一同前往案主家中探访，与案主闲话家常，并送上取暖器和围巾，传达祝福关心，再一次如春风化雨般化解了案主的心结。案主感慨，感谢政府和社工帮忙协调，也感谢合作社的体恤，如今案主重现欢笑，安享晚年生活。

## 六、服务成效

社工通过三个月的密切跟进，多措并举协调推动矛盾纠纷解决。首先，通过建立关系，抓住了案主要求建房及赔偿背后的根本原因——家庭矛盾，并作家庭关系调适，让案主免去因家庭矛盾产生的负面情绪。其次，运用理性情绪治疗模式疏导案主的非理性信念，帮助其回归理性。最后，运用个案管理的方式，多方联动，从"情、理、法"的角度推动矛盾化解。目前，案主情绪稳定，家庭成员工作生活开始恢复正常，家庭关系得到改善，案主对意外的执念慢慢淡化，不再执着，与丈夫在相互扶持中安享晚年。

## 七、总结反思

信访工作涉及生活各个方面，矛盾复杂，人群多元，社工在接访工作中更是处于矛盾第一线，随时需要面对各种矛盾激化或失控的场面，因此，理性情绪治疗模式及应急处理，可以在有限的时间内引导信访人回归理性，进入信访程序，有效解决信访人情绪及行为失控的问题。案主因突发车祸导致双腿截肢，因不满意外事故处理结果，出现严重的非理性行为，通过缠访、闹访、脱假肢等行为向政府施加压力，宣泄情绪，对信访大厅秩序带来不良影响。应急处理的最终目的是在有限的时间内快速有效地控制现场，帮助案主，防范风险，避免发生恶性信访事件。为此，社工采取了应急处理"四重奏"：第一，应急干预，风险评估；第二，建立关系，迅速控制现场；第三，优先处理情绪与行为；第四，联合接访，共同疏导。

处理好信访人的情绪之后，接下来的矛盾纠纷解决需要运用个案管理模式。解决信访问题是一个系统问题，单靠一方的主导力量难以解决特殊疑难案件，个案管理模式恰恰能统筹各方力量，形成合力共破难题。社工在其中担任最重要的角色——疏导者与引导者，通过找准案件解决的突破口、关键人物（部门）、解决契机，综合运用法律、政策、调解、疏导、帮扶救助等方式，为双方搭建沟通桥梁，实现访调对接，推动矛盾化解。

## 点评：

本案例是政府信访工作中比较突出的典型事件。案主因旅途中一场车祸失去了双腿，打破了原本平静的生活，并导致家庭关系紧张。镇街信访部门虽多次解释，并协调村委共同疏导，但一直收效甚微，因此区信访局把案件转交社工。

信访社工接案后，首先分析案情缘由，进行问题需求评估；然后运用理性情绪治疗、个案管理模式等相关理论和专业方法，梳理出服务对象的问题、需求，制订出服务总目标及分步骤实施的分目标，同时整合相关部门的力量，共同推进问题解决。

信访社工首先建立关系，掌握动态，评估成因；其次疏导情绪，重建家庭沟通互动方式；再次，梳理诉求，转变案主非理性信念，引导其回归理性；最后搭建沟通桥梁，理性协商，推动矛盾化解。信访社工结案后对服务成效进行了一定的专业反思，起到了画龙点睛的作用。但是，文案中偶尔用词不当，应加强服务文书的规范性。

（广东财经大学教授　童远忠）

# 信访社工助力案主化解多年邻里矛盾

龚伟薪

## 一、个案背景

案主女，58岁，丈夫早逝，独自一个人抚养儿女成长。女儿工作后，其跟随女儿在广州生活多年，目前无工作，由儿女赡养。2016年，案主的外孙要回到户籍所在地上小学，案主便带外孙返乡居住，发现房屋外污水堵塞严重，滋生蚊虫、异味过重，严重影响生活。由于案主房屋的排污管道须经过邻居家，长期以来，关于重整排污管道事宜，案主一直未能和邻居协商达成一致，因此，在2016—2018年期间，案主多次到镇信访办求助，要求帮助其疏通管道，处理污水。

工作人员深入了解后得知案主与邻居之间一直存在邻里矛盾，案主修整排污管道存在一定难度。因此信访办将此案转介社工，希望社工能为双方疏导情绪，搭建沟通桥梁，化解邻里矛盾，从而推动诉求的解决。

## 二、需求评估

### 1. 蚊虫滋生，威胁健康

由于排污无法正常排放，导致蚊虫滋生，异味严重，严重影响案主及家人的健康，环境卫生无法得到保障。

### 2. 多年走访，情绪压抑

为疏通排污管道，案主两年来走访了多个部门，身心疲惫，内心积压了大量的负面情绪，导致案主每次去到信访办都会大吵大闹，无法进入正常信访流程。

### 3. 邻里矛盾，沟通受阻

案主曾与邻居讨论重整排污管道事宜，但是每一次的沟通都不欢而散，一直未能达成协议。

## 三、理论依据

### 1. 焦点解决模式

焦点解决模式强调如何解决问题，而非发现问题原因；以正向的、朝向未来的、朝向目标的积极态度促使改变的发生。本案重点在于找出案主的资源，协助案主寻找能做或正在做的有效优点与能力，并鼓励她以达到可创造性，进而缓解邻里矛盾问题，解决排污管道堵塞问题。

### 2. 社会支持网络理论

社会支持网络理论认为个人所拥有的社会支持网络越强大，就越能应对来自环境的各种挑战。社会资源分为正式和非正式两种，正式社会资源是指来自政府、社会正式组织的制度性支持，非正式社会资源来自家庭、亲友、邻里的支持。案主的女儿、邻居等都是其非正式社会资源，社工在介入后，通过调动其非正式社会资源，让其女儿及邻居积极参与其中，来化解双方矛盾，同时，链接其正式社会资源，利用居委会及镇政府的力量，共同助力解决问题。社工通过增强案主的社会支持网络，利用各方资源配合，力求解决其诉求。

## 四、服务目标

### 1. 总目标

促使邻里双方达成协商，实现协调解决。

### 2. 分目标

（1）建立专业关系，收集案主背景资料，分析问题成因。

（2）情绪疏导，舒缓案主紧张的精神状态。

（3）搭建沟通桥梁，引导双方重回协商平台。

## 五、服务计划

### 1. 建立关系，收集资料

收集案主背景资料，与案主建立良好的专业关系，初步评估案主的问题和需要。案主的问题呈现出老旧城区房屋的复杂性，考虑到服务的持续性及迫切性，决定采用焦点解决模式跟进。

### 2. 链接资源，情绪疏导

利用正式资源，向居委会提出上门帮助案主灭蚊和消毒污水的请求，以减少蚊虫滋生，保障安全的卫生环境。同时，疏导案主情绪，提供心理辅导，引导其与邻居沟通，调动其非正式社会资源，缓解邻里矛盾，为双方搭建沟通桥梁。

**3. 多方联动，解决问题**

通过镇政府、居委会、邻居多方联动协调，帮助案主解决排污管道整改，改善生活环境。

## 六、服务过程

**1. 建立关系，评估成因**

社工初次来到案主家中，案主与外孙二人在家。案主很欢迎社工的到来，误以为社工可以帮助她解决诉求，社工澄清了自己的角色与职能。交谈中，案主提到邻居房屋后巷原是集体用地，其在广州生活期间，邻居（以下称郑姨）将此地围蔽起来作私人用地。附近的居民均占用集体用地，包括案主的房屋亦超出房产证面积范围。

社工通过居委会联系到邻居郑姨，并组织双方在居委会进行第一次协调。会上郑姨讲到案主的女儿在小时候曾拿石头砸向她家窗户，把她家中的佛龛打翻在地。因此，双方产生了矛盾，郑姨表示无论如何也不同意案主在后巷开挖修整排污管道。双方在协调会上不但没有达成共识，还大吵了一架，矛盾因此剧增。

随着信任关系的建立，案主向社工透露了其家庭与邻居的矛盾根源。案主丈夫早逝，其独自抚养两个孩子，曾一人打两份工，艰辛地供儿女读书，较少关注儿女的日常行为。案主提到女儿小时候贪玩，打球不小心砸破了郑姨的窗户，并把其家中的佛龛打翻了，当时两家人为此事大吵了一架，从此结下了梁子。案主为此事感到很内疚，一直希望能得到郑姨的谅解。

近年老旧城区道路进行整改铺装，让原本处于低水平位置的房屋变得比主干道路面更低，案主房屋的排污管道年份久远需维护整改，但整改需经过郑姨后巷（围蔽自用）。案主为此事奔波了两年，一直未能得到解决。

**2. 链接资源，疏导情绪**

由于案主居住的周边环境较差，蚊虫滋生，且异味严重，社工联系居委会定期为案主上门灭蚊、熏蒸消毒，改善案主的生活环境，减轻蚊虫的滋扰，还案主及其外孙一个干净卫生的居住环境。

环境卫生暂时得到了解决，但这是治标不治本。社工通过居委会链接维修工程师上门查看，为案主提供免费服务。工程师查看后给出的结果是，排污管道年久失修，无法进行修复，只能重新整改。也就是说，案主的环境卫生想要得到根治，排污管道必须重新整改，而重新整改必须得到邻居郑姨的同意。

社工协助案主梳理诉求，同时，社工联系到案主的女儿，希望其能协助社工，一同为案主解忧。其女儿表示愿意配合社工。社工通过陪伴、聆听案主的投诉经历与感受，让其有倾诉对象，宣泄心中积压已久的负面情绪。其女儿也经常联系案主，劝导案主逐步解决问题，不要让情绪过度影响自己。随着案主的情绪回归平静，思维重新聚焦在如何解决问题上面，社工逐渐引导案主思考，如何就修建排污管道事宜，与邻居达成一致。

### 3. 重建沟通，化解矛盾

社工把跟进的情况反馈给镇政府及居委会，希望重新为双方搭建沟通桥梁。居委会干部及社工多次联系郑姨，终于再次约郑姨到居委会洽谈修建排污管道事宜。一开始郑姨的态度较为坚决，因双方矛盾至深，拒绝案主整改一事。

居委会干部及社工从旁多番劝说，并表示此事已过去多年，如今案主的外孙饱受蚊虫叮咬的痛苦，严重威胁孩子的身体健康，而蚊虫滋生也同样影响郑姨及周围邻居，能否以和为贵并借此机会双方冰释前嫌就看这次的沟通成果。最后郑姨松口说自己是外嫁女，房子权属归长期在外工作的弟弟（以下称郑叔），需要询问弟弟的意见，并把郑叔的联系方式给了社工。

社工几经周折后找到了郑叔，郑叔清楚重新修建排污管道关系到两家人甚至周边邻居的切身利益，能改善人居环境。另外两家人的误会已过去多年，不希望把矛盾延续到下一代，因此同意案主重新修建排污管道，但需要居委会及社工见证，且案主需承诺，保证借用后巷修整排污管道后修复其后巷原貌，不影响其正常用水。经过多次沟通，双方最终达成一致意见，签订了协议书，并约定了动工时间。案主女儿表示愿意出资为案主整改排污管道，案主的诉求终于得到了解决。

## 七、服务成效

社工运用焦点解决模式跟进本案，第一步，建立关系，了解本案难以解决的根本原因；第二步，链接资源，改善环境，舒缓蚊虫及异味对案主的困扰；第三步，耐心聆听，让案主的情绪得到释放，回归平静与理性；第四步，找准突破口，对症下药；第五步，为双方搭建沟通桥梁，促成协商一致。

社工首先链接正式资源居委会、信访办、灭蚊办等职能部门，帮助缓解卫生环境衍生臭味给案主带来的困扰，然后链接非正式资源邻居，促使双方化解矛盾，就排污管道整改一事达成协议。案主的诉求得到了解决，为信访办及社工送上了一面"心系百姓，为民解忧"的锦旗，感谢信访办引入社工服务，使其奔走了两年的诉求终于得到解决。信访办、当地政府、居委会对信访社工介入此案表示高度认可，社工在工作过程中能迅速评估案主需求并找出背后成因，不仅解决了案主的诉求，而且成功帮助案主化解了多年的邻里矛盾，对构建社区和谐、基层社区治理贡献了重要力量。

## 八、总结反思

### 1. 建立关系，评估成因

在跟进初期，社工采用个案跟进模式，首要任务是与案主建立良好的专业关系。通过有效的沟通方法，以同理、倾听传达关怀，并及时处理案主的负面情绪，建立稳固的信任关系。由于信访群众普遍存在敏感、多疑的心理特征，社工在跟进个案时需要花费较长的时间与其建立信任关系。通过入户探访，细心聆听，给予充分的尊重，并设身处地地理解案主内心积压的情感与需求，评估信访背后成因。

### 2. 情绪疏导，引导回归理性

案主通常带着非理性的情绪、思维与职能部门进行沟通，导致双方形成敌对甚至无法沟通的关系。社工以第三方角色，疏导案主非理性的情绪与思维，帮助其整理思绪，回归理性，平静表达诉求。社工针对案主的需求，协调居委会、邻居和专业维修人员等资源，使服务过程持续顺利进行。

### 3. 搭建沟通桥梁，助力矛盾化解

案主逐步回归理性后，社工从"情、理、法"的角度为其梳理诉求、分析利弊，并作为沟通桥梁，建立案主与政府职能部门之间的沟通平台。针对诉求，社工积极与职能部门联动，组织协调方案，在社工介入下，案主在心理及与邻居良性沟通方面均有改善，且邻里矛盾得到化解，与邻居协调出有效的解决方案；针对实际需求，社工通过链接相关社会资源帮助其解决实际困难。

### 4. 经验

社工运用焦点解决模式为案主解决诉求，从实际出发，不急于求成，讲究工作的有序性。跟进服务期间，紧密和职能部门沟通，充分利用各类资源，最终化解邻里矛盾，解决诉求，使案主恢复正常生活。

### 5. 不足

在服务过程中，社工亦存在服务经验不足的情况。因案主的表达能力和思维能力有一定欠缺，社工思考问题要更加全面，更加细致，根据跟进情况适当调整服务计划。服务过程中注意社会工作专业价值观，聆听过程中注意引导、聚焦等技巧的运用，注意避免给案主或邻居贴标签，多运用优势视角技巧，遇到难点及时与项目主任、督导交流。

## 点评：

俗话说"远亲不如近邻"。但在从传统社会向现代社会转型的过程中，尤其是在城市化过程中，一些社区的邻里关系逐渐消解。本案例正是聚焦这一现实社会问题，从信访社会工作角度改善邻里关系。

案主与邻居长期存在矛盾，无法就整改排污管道一事与其达成一致，故信访办将案件转介社工跟进。信访社工首先对案主的需求进行评估，运用焦点解决模式、社会网络支持理论，制订了服务的总目标和分目标，按照服务计划，通过建立关系，评估成因；链接资源，疏导情绪；重建沟通，化解矛盾等服务过程，不仅解决了案主的诉求，而且成功帮助案主化解了多年的邻里矛盾，对构建和谐社区、创新基层社区治理，做出了一定贡献。

社工通过总结和反思本案例的服务成效，提升了专业服务能力，同时为社会工作的职业化、本土化发展，积累了宝贵经验。

（广东财经大学教授　童远忠）

社区治理篇

# 推动教育基础设施完善　打造乡村振兴服务品牌
## ——兴新乡村项目案例分析

李彩清

## 一、项目背景

### 1. 辖区背景

党的十九大报告提出了乡村振兴战略，乡村振兴战略的提出，是把乡村放在了与城市地位平等的位置上，立足于乡村的产业、生态、文化等资源，而其中乡风文明建设自然成了建设新乡村的一大重点。

SM 村是广州 ZC 辖域的一处村落，辖内面积 9 平方公里，SM 村没有公共交通工具，外出只能自行解决，一般村民外出都是开电动车、摩托车等交通工具。SM 村户籍人口有 3 700 人，属于中大型村庄。村内目前仅有一所小学，现 1～6 年级在读的学龄儿童仅 200 余人，其他大部分儿童选择到镇上的小学或者 ZC 主城区内的小学就学。SM 村小学目前只有一栋教学楼，教学设备也较为落后，运动场所只有一个篮球场和一个足球场，而跑道还是比较落后的泥土跑道。在教师队伍方面，近年来学校也招收了比较多的年轻老师，强化师资力量，但是专业的艺术教育类老师几乎没有。

目前，SM 村也在实施乡村振兴战略，希望可以改变本村在儿童教育方面的困境，为了进一步建设乡风文明，促进"新村民"的多元发展，兴新乡村计划由此提出。

### 2. 乡村艺术教育背景

（1）广州市乡村地区儿童校外艺术教育资源投入偏低。

网上发布的一项最新调查报告显示，广州市乡村地区儿童校外艺术教育资源投入偏低，在艺术教育方面获得的资源和支持相对不足。据推算，全市目前还有约 26 万乡村儿童很少接触到校外艺术教育。城郊地区离广州市区的距离比较遥远，乡村儿童想要到广州市区接受艺术教育也不现实。另外因为监管不到位，偏僻的乡村地区也有很多无证经营，或者不符合资质的培训机构存在，这个现象也对儿童成长产生很大的伤害。

（2）辖区现有的艺术教育资源匮乏，且家庭支持不足。

ZX 镇处于广州的偏远郊区，大部分的村居交通很不方便，乡村内的儿童接受教育只能在学校里面，而要想培养个人兴趣爱好，则需要到镇中心才会有相关的资源，但资源也比较有限，只有一两家比较正规的机构。各村离镇中心的距离也是很大的阻碍，仅有的 8 条公交线路也无法做到村村通。另外家长都需要工作，无法兼顾到儿童的接送，这些都大大阻碍了乡村儿童接受艺术教育。

调查显示，乡村学生的父母受教育程度普遍不高（接受大专以上高等教育的还不足 10%），很难在家里对子女进行艺术熏陶和辅导。80% 以上的家长以入工厂打工为生，收入与日常支出基本持平，较少家庭有多余的钱可以提供给孩子接受艺术教育。

（3）对于获得艺术教育，乡村儿童的意愿程度高。

ZX 镇目前有 90% 以上的乡村儿童未参加过艺术教育，而在被访者里面，愿意接受校外艺术教育的乡村儿童比例高达 92.6%，82.7% 的儿童认为接受艺术教育课程有利于自身的成长与发展，其中非常渴望接受更多艺术教育的占 67.1%。由此可见，对于获得艺术教育，乡村儿童的意愿是比较高的，但是缺乏一个受教育的平台。

## 二、服务需求

### 1. 乡村儿童存在安全成长隐患

随着乡村经济发展，交通越来越发达，道路上来往的车辆也越来越多，儿童们现在放学都需要家长接送才能更好地保障安全。除了交通安全，公共环境的安全情况也是日渐突出。由于不当建筑和村民们的某些不当行为使村庄内存在着许多安全隐患和危险区域。将安全教育带入每一个乡村家庭，营造出安全的社区环境是我们的共同心声。由"新村民"来重新审视乡村环境从而将安全意识带入每个家庭似乎是目前恰当的选择。

### 2. 学龄儿童多元智能化发展被忽视，社区配套资源缺乏

学龄儿童们在学校接受的教育主要是传统的教育，注重学科成绩，一些其他方面的发展会被忽视；而在家庭中，家里经济条件允许的家长则会选择外面的培训机构，为儿童提供兴趣爱好的培养，但是家庭经济条件较差的，无法提供这方面的教育支出。SM 村虽是一个大村，但是公共交通较不便利，村内的配套教育资源少，而儿童一般由老人照顾，家长对这类教育的意识也不高，所以儿童们外出学习的机会受到很大限制。

### 3. 社区教育资源配套设施待完善

SM 村妇女儿童之家曾是广州市示范点之一，社工在了解了 ZX 镇妇联的需求后，利用了 SM 村原本设有的专门为妇女儿童提供活动和服务的场所。以往这里因为缺乏专业人士及日常管理人员，所以场所一直空置，设备也较为落后，只有几套破旧的桌椅和书柜。而之后这里将成为第一个面向乡村儿童多元发展的服务场所。

### 4. 乡村儿童社区参与较少

SM 村的儿童日常除了上学，课余时间基本上都花在看电视、找玩伴、玩手机上，较少参与到社区服务中。调查显示，很多儿童对于社区服务都表示愿意奉献自己的一份力量，为社区做点有意义的事。本次兴新乡村项目就是着眼于此线索，从转变下一代"新村民"的学习方式和发展法则入手，为 SM 村培养一支由儿童组成的"乡村儿童议事会"，以孩子影响家庭，以"小人"影响大人，从而建设更为持久无忧的文明乡风。

## 三、理论依据

### 1. 多元智能理论

在 1983 年出版的《智力的结构：多元智能理论》一书中，加德纳把智力定义为"是在某种社会或文化环境的价值标准下，个体用以解决自己遇到的真正难题或生产及创造出有效产品所需要的能力"。他认为，一方面，智力不是一种能力而是一组能力；另一方面，智力不是以整合的方式存在而是以相互独立的方式存在。在此基础上，他阐述了关于智力的种类及其基本性质的多元智能理论。其中包括以下 9 项智能：语言、数理逻辑、空间、身体—运动、音乐、人际、内省、自然探索及后来补充的存在。

在传统的教育里面，学校会比较关注语言、数理逻辑和身体—运动智能，而其他的智能容易被忽略。本项目关注乡村儿童多元智能的发展，契合乡村振兴战略，为儿童提供更多的优质资源，补充在学校学习不到的知识和技能。

### 2. 地区发展模式

地区发展模式是通过调动社区居民的参与、互助合作，再加上上级政府和外界机构组织的协助和支持，动员社区内外资源，解决社区问题，满足居民需求的一种工作模式。该模式强调的是居民的参与和合作沟通，注重居民个人能力、公共意识和社区归属感的培养，而不仅仅是社区物质环境的建设。

目前乡村振兴战略在 ZX 镇的各个乡村全面铺开，实施乡村振兴战略，要坚持党管农村工作，坚持农业农村优先发展，坚持农民主体地位，坚持乡村全面振兴，坚持城乡融合发展，坚持人与自然和谐共生，坚持因地制宜、循序渐进。

乡村振兴需要全体村民加入，兴新乡村项目通过对儿童的从小培育，激发他们的乡村未来主人翁意识，培养他们的个人能力、公共意识和社区归属感，成立乡村儿童议事队伍，通过他们的力量去推动村内环境美化、安全隐患排查等事项的改进。

## 四、服务目标

### 1. 总目标

推动乡村教育基础设施及配套环境的改善，培育高校驻村志愿者队伍，推行四社联动服务模式，打造乡村振兴服务品牌，往共建共治共享的"兴新乡村"方向发展。

### 2. 分目标

（1）协助营造乡村儿童安全成长环境。

（2）促进学龄儿童多元智能化发展。

（3）整合社区资源，完善社区教育配套设施。

（4）提高儿童及居民的社区参与程度，培育一支乡村儿童行动队伍。

## 五、服务计划

### 1. 建立四社联动服务模式

建立健全以乡村村居为平台，以社会组织为载体，以专业社工人才为骨干，充分调动各方力量，以项目化方式运作的四社联动服务模式，实现本土资源效益最大化。

### 2. 改善 ZX 辖区乡村教育环境

探索改善 ZX 辖区乡村教育环境的路径，为乡村教育"施肥添土"，通过与社区及职能部门沟通，链接适合儿童成长的教育资源，如图书角、文具包等。

### 3. 打造乡村儿童发展智能项目

针对乡村儿童的全面发展，链接附近高校专才志愿者，打造智能项目，促进乡村儿童从"新文化"向"兴文明"的多元化发展，提升儿童自我学习、自我管理的意识。

### 4. 促进乡村儿童的"新成长"

挖掘儿童的个人潜力，并帮助项目成员在活动中提升自己的交流能力、团队组织能力、思维能力等，从而以儿童的发展去引导家庭的变化。日益积累，帮助居民提高社区参与度，使大人和小孩都能在项目活动的参与中发现社区发展的重要性，并贡献出自己的力量，积极参与到社区服务中，推动乡村文化振兴工作的开展。

### 5. 加强宣传，扩大项目影响力

通过整理活动过程中项目成员的情况及活动进展，制作活动专属的项目宣传册及挂历，以派发这些项目"周边产品"的形式增强项目的宣传力度及活动影响力。此外，在活动尾期举办项目成果展，扩大宣传，展现乡村儿童营造社区安全环境的项目成果，并邀请相关职能部门及项目成员家长莅临现场，了解项目的发展过程及项目成员的变化。社工在项目活动结束后及时整理、归档活动期间的资料，并将项目案例提供给周边及更多的村居参考和交流。

## 六、服务过程

### 1. 初期：四社联动，共同推进乡村儿童多元化教育工作发展

社工站在项目前期，积极联动各个职能部门（关工委、妇联、社会事务办等）、各村居的党支部及农工商艺术学院党支部学生志愿者，搭建"社工＋职能部门＋村居＋高校"的四社联动沟通机制，调动并且盘活在地资源，如附近高校志愿资源、现有场地、项目经费等。社工站向农工商艺术学院党支部发出邀请，组建绘画专才志愿者队伍，推动在 SM 村设立公益绘画课堂，免费为乡村儿童提供绘画课程，培养儿童绘画兴趣，增强他们的绘画功底，以绘画作为"引子"，为接下来的儿童社区安全计划做准备。

### 2. 中期：组建儿童安全议事队伍，共同探讨社区安全营造工作

通过公益绘画课堂的平台，社工逐渐向学员传递志愿服务意识，并向他们提供专门的志愿服务知识培训，将积极的学员组织起来，组建成一支儿童安全议事队伍。该队伍在高校专才志愿者的带领下，在绘画过程中，学习与儿童有关的安全知识，如防溺水、交通安全等；还在高校专才志愿者的指导下，学习绘制社区地图，已经绘制出 SM 村党群服务中心附近的社区地图，并通过所学，在地图上增加了儿童安全教育元素，如安全路标、建筑物、电房等。该队伍关注社区的安全问题，通过儿童的"画笔"推动社区领导人员关注儿童安全问题，从而营造儿童安全成长氛围。

### 3. 后期：推动乡村教育服务机制经验探索

社工站从资产为本的角度出发，以"社工＋职能部门＋村居＋高校"的四社联动模式，初步探索乡村教育服务的品牌。立足乡村振兴战略，配合妇联关注儿童成长的本心，拉动高校专才志愿者加入，活化周边及内部资源，充分利用

"大学生 + 小学生"的平台机制开展活动，明晰活动目标的现实取向，聚焦乡村学生的教育及社区环境的培育问题。

## 七、服务成效

| 序号 | 项目 | 成效情况 | 信息/资料来源 |
|---|---|---|---|
| 1 | 环境营造 | 1. 至少制作安全警示牌 10 个<br>2. 社区安全倡导活动 1 场<br>3. 社区安全教育恒常活动 5 场<br>4. 乡村安全环境营造 2 次 | 1. 根据参与者的数据反馈<br>2. 查阅项目资料，了解服务次数、频率及参与人次 |
| 2 | 智能发展 | 1. 联动高校专才志愿者，开办公益绘画课堂，开展至少 30 节绘画课<br>2. 开办画展 1 场，制作黏土产品创收<br>3. 制作立体社区地图 | 1. 根据参与者的数据反馈<br>2. 作品展示<br>3. 查阅项目资料，了解服务次数、频率及参与人次 |
| 3 | 议事队伍培育 | 1. 组建一支高校专才志愿者队伍<br>2. 成立一支儿童安全议事队伍<br>3. 制作一张社区安全地图 | 志愿者档案、图册 |

## 八、总结反思

该项目以"社工 + 职能部门 + 村居 + 高校"的四社联动模式推动，因此前期开展的主要工作是对外沟通交流，多次和 ZX 镇妇联、SM 村党群服务中心、农工商艺术学院党支部洽谈关于兴新乡村计划的具体事宜。

经调研发现，虽然 SM 村交通不便、乡村儿童教育体系不完善等，但是 SM 村内部及周边还是有很多可运用的资源，可以促进该村教育体系的发展。因此，社工站先对该村内外的资源进行盘点，首先是财力方面，ZX 镇妇联对该村的乡村振兴战略工作，特别是妇女儿童方面的工作很支持，愿意出资为该村的儿童成长增添一份助力，目前收到志愿者补贴 5 000 元；其次是物力方面，SM 村内部有合适的场地，妇女儿童之家的场地长期闲置，因此 SM 村党群服务中心希望可以将此场地有效利用起来，并为公益绘画课堂增添了桌椅、空调、绘画器材等物品；最后是人力方面，社工站积极联系农工商艺术学院党支部，并且签订共建协议，发挥他们的绘画特长，为 SM 村儿童提供了绘画课堂的专业支持。

首先，改变儿童的错误观念，加强儿童的安全意识，如原本 82% 的儿童认为在村里面溜达没有任何安全隐患，现在参与本项目的儿童 100% 都认为需要注意安全。其次，用艺术教育课堂来丰富孩子的感官世界，在体验式活动和游戏中学习、感悟。儿童在这个项目的绘画课堂中提升了自己的绘画能力，并且用自己的"画笔"绘制了社区安全地图，挖掘出辖区内的安全隐患 11 处，经过与村委沟通，这些隐患一一被解决，为儿童在社区里健康成长保驾护航。最后，协助孩子提升意志力、专注力、竞争力，培养良好的挫折抵抗力、情绪管理力及优秀的合作和领导能力，养成良好的学习和生活习惯，形成积极的人生观。项目成员中，有 87% 的成员表示参与这个艺术教育课堂，让自己的日常行为表现有了很好的变化，以前在家里动不动就会因为兄弟姐妹之间分配不均而争吵，现在都懂得互相谦让了。社工在这个过程中也发现，很多儿童原本比较内向，不敢主动表达自己的感受，现在都能够积极表达自我，在受挫感方面也有了很大的提升。从"新村民"的角度来讲，这一系列服务帮助 SM 村营造了其特有的乡村安全文化，以"小"带"大"，从儿童本身到社区家庭，从小群体到大环境，是本次社区活动力量产生的过程。

**点评：**

项目前期调研充分，需求分析较为深入，理论依据较为合理，服务重点突出，服务方向明确，服务思路清晰，服务成效较为丰富，服务受益对象和覆盖群体较多，"四社联动"策略取得了较为突出的效果，且社工在其中发挥的专业角色和作用非常出色！后续可进一步凸显推动参与、资源整合的成效，进一步完善服务模式、推广经验。

（广东外语外贸大学社会工作系硕士生导师　陈美招）

# "三社联动"助推社区治理
## ——一个留守村的社区治理案例

## 一、案例背景介绍

### 1. 政策背景

近年来，农村"三留守"（留守儿童、留守妇女、留守老人）问题成为我国农村乃至全社会关注的重大社会问题。2016 年中央一号文件明确指出要"提高农村公共服务水平"，"建立健全农村留守儿童和妇女、老人关爱服务体系。建立健全农村困境儿童福利保障和未成年人社会保护制度"。

自 2006 年十六届六中全会以来，社会工作在推动社会服务发展和社会治理中发挥着越来越重要的角色。"三社联动"作为近年来社会治理和社会工作发展的成功模式，是以政府购买服务为牵引，以社区为平台，以社会组织为载体，以社会工作者为骨干，以满足居民需求为导向，通过社会组织引入专业资源和社会力量，通过提供专业化、有针对性的服务，把矛盾化解在社区，把多元服务供给实现在社区的一种新型社会治理模式、社会服务供给方式和全新社会动员机制。

### 2. 案例基本情况

L 村隶属 ZC 区 Z 街，下辖 11 个生产队，其中村里的莫氏一族占全村人口过半。村里的青壮年大多在周边市区打工，留守在村的主要是老人、妇女和儿童。责任田由留守老人、妇女打理或承包给本地的种植户，以种植水稻、蔬菜、香蕉、荔枝等作物为主。集体经济衰微，老人的照顾、儿童的教育、妇女的支持成了村里影响深远的公共议题。

Z 街家庭综合服务中心政府购买项目承接方广州市大德社会工作服务中心（以下简称大德）L 村家综，以"三社联动"的模式，采取优势视角指引下的能力建设、资产建设（社会资本建立）等理念，联动村委、宗亲会和村民，将留守村 L 村作为一个整体进行社区公共服务探索规划，推进文化建设与乡村综合发展，并注重系统内外及各子系统的协调发展，如村民参与、城乡合作、乡村文化、产业发展、生态环境协调等都是 L 村治理及发展过程中的各个子系统，探索以社区为平台，以社会组织大德及 Z 街项目点社工为主导，联动社区和社会资源推动留守村服务和治理。

## 二、预估分析

自 2014 年下半年进驻以来，社工多次与社区联合开展社区需求调研，总体发现 L 村社区存在以下几类需求。

### 1. 提升村民参与度，加强社区活力的需求

村里缺乏活力与生气，有提升村民参与社区事务意愿、提高社区活力的需求。村内多数青壮年外出谋生，留在村里的人都不愿意管公共事务。ZC 区莫氏宗亲会莫会长在与社工访谈时无不忧虑地表示："现在人们都忙着赚钱，村里的这些事务又吃力不讨好，加之留在村里的人思想保守、观念陈旧，做些明明对他们有益的事情，他们都不能理解，甚至阻挠，慢慢地就更没有人管了。"

### 2. 提升老人照顾及儿童教育平台的需求

老人家庭照顾不足，儿童教育资源欠缺，有提升老人照顾及儿童教育平台的需求。社工家访发现，多数老人家庭照顾不足，日常生活照顾、社会交往、精神健康等方面都存在比较严重的支援不足。村内老人的照顾责任几乎都落在子女身上，但因生存压力等原因，村内对老人的照顾和服务普遍不够重视。以独居老人毛奶奶为例，在一次家访中她告诉社工，儿孙们都有自己的事情要忙，有时一个月也看望不了她一次。她拄着拐棍行走艰难，由于几近失聪，跟她说话需要很大声外加手势比画，一只眼睛也因为白内障完全失明，她觉得生活已经失去意义。

村里儿童教育资源也非常匮乏。村里的儿童和青少年放学后一般窝在家里看电视、打电脑游戏或是三五成群地聚在公共 WIFI 热点附近拿着手机玩游戏。村民冰姐告诉社工，她读初二的儿子越来越"宅"，现在田地都租出去了，家里没多少农活，孩子也不干家务活，跟孩子沟通有代沟。这样的现象在村中俨然成了见怪不怪的常态，敬老育幼的优良传统受到了很大冲击。

### 3. 增强留守妇女能力，建立互助支持网络的需求

留守妇女情感支持薄弱，有增强留守妇女能力、建立互助支持网络的需求。在村妇女数量众多，大多数妇女承担农务和家庭照顾的双重压力，也面临自身身心健康问题。妇女们缺乏合作组织和有效的问题排解渠道，压力处理能力、个人能力、社会支持网络亟待建设。村民艳群（化名）的独子目前在读幼儿园小班，他在两岁时得了急性脑膜炎没有及时就医，现在有间歇性抽搐、昏迷的后遗症。孩子的爸爸在邻村一家乡镇企业上班，早出晚归，艳群主要负责一家人特别是儿子的生活照料，并负责打理一片菜地，经常可以在村里的篮球场看到她用绳子拉着儿子的玩具车照看儿子。照顾家庭生活依旧是村里妇女的"本分"，当地公共活动匮乏，妇女的情感支持缺乏。

### 4. 振兴集体经济，拉动村经济发展的需求

村里经济来源单一，有振兴集体经济、拉动村经济发展的需求。在村务公开栏上有"集体收入为零"的表述，与村委文书访谈时他告诉社工，村里没有厂房和出租屋，山林和田地都是分到生产队和每一户的，村里没有集体收入，村委开销完全依赖政府拨款，所以经费比较紧张，村里基本上不组织开展集体性的公共活动。

## 三、服务目标及思路

### 1. 服务理念

"三社联动"的思路贯穿我们整个服务。另外，近年来优势视角指引下的能力建设、资产建设（社会资本建立）等理念逐渐深入人心，并在国际扶贫、社区发展等领域显现成效。在开展农村社会工作中，我们会充分发掘乡村社区、村民、村委所具备的能力及村庄的内部资源，从发现、开发和利用案主的优势及资源出发，与村民和相关社区组织一同探寻促成农村社区服务可持续发展的所有有利因素，并协助 L 村运用自身的优势实现目标。

### 2. 乡村资源盘点

L 村作为一个有着 700 多年悠久历史的古村，拥有大量的社区资产和优势。

（1）历史文化古迹。

L 村是一个古老的村落，村中莫氏一族是岭南第一状元莫宣卿的后裔。村中的莫氏宗祠距今约有 300 年历史，是一座典型的岭南建筑，宗祠曾在"文革"时期做过糖厂和磨米厂，后来由于年久失修，已破损严重。另外，宗祠旁还有一口同治年间铸造的古钟和一棵百年古树。走在老村里，各种生活习俗、建筑风格、一砖一石都构成了完整的古村落文化群。

（2）三百年莫氏宗祠与莫氏宗亲会。

祠堂除了日常的公共功能以外，更是莫氏家族文化凝聚力和向心力的结晶，祠堂的修缮将会重新聚集和整合莫氏家族的各类资源和力量。莫氏宗亲会作为负责筹建祠堂和宗亲事务的组织，是整合各地莫氏族人的纽带，也是村内发展和资源拓展的核心载体。

（3）土地与公共空间。

L 村拥有土地面积 260 公顷，大量的农业用地、鱼塘以及周边的山水旅游资源构成了最基本的产业发展空间。

村里修缮后的老人活动中心、社区风水池，以及正在建设中的祠堂都会成为村民聚集和参与的优良公共空间和设施。

（4）村民骨干和参与动力。

目前社工在村里有良好的工作基础，村委和各生产队都非常支持。除此之外，村里有历史悠久的醒狮队，有社工组织培育起来的舞蹈队，相关的村民骨干都有志于村庄的服务，与社工也都建立了良好的互信关系。

### 3. 服务目标

我们以多元的理论视野，借助"三社联动"的思路制定服务目标。具体来说，村落服务分为任务目标和过程目标。其中任务目标是解决社区公共问题、鼓励社区参与、凝聚社区共识、培养社区骨干、推动社区治理创新，过程目标是实现村民自治和社区自治。

### 4. 介入思路

以社区优势资产为本，充分整合社区、社区组织、社工的力量，重点探索"三留守"人员服务、乡村文化传承和互助关系建设。

（1）祠堂修复计划。

围绕祠堂修复计划，挖掘社区或莫氏宗亲领袖，联合社区组织、领袖人物等力量，开展祠堂修复议事，推动祠堂修复。

（2）"老有所为"服务计划。

老年人因其年龄、经验的优势，往往是各种技术、历史文化、传统手工艺的载体，据此，可结合祠堂修复过程，发掘老人身上各方面的优势，协助其发挥老年余热，提升自我价值感，实现老有所为。

（3）"妇女发展"支持计划。

通过组织厨艺、舞蹈、手工等小组活动，增强妇女的个人技能，提升其自信心；同时协助妇女建立支持网络，增加情绪支持途径，促进妇女身心灵多方面发展。在此过程中，也要注重增强亲子关系。

（4）"隔代孝亲"观念培养。

通过口述史的记录、整理和传播，让少年儿童了解村庄和祖辈的光荣历史；通过厨艺、手工、节日活动，让老人指导妇女尤其是村里少儿；在节日活动中组织妇女带领小辈给村里孤寡和高龄老人送温暖，重新培育逐渐失落的隔代孝亲观念，并逐渐培养为日常习惯。

（5）"活力少儿"行动计划。

以教育及体验式学习为主题，以少儿的爱好兴趣为出发点，采用小组培训、活动宣传教育等形式，改善亲子关系，提升留守儿童学习、生活适应能力，并引导其接触、学习宗族的传统文化习俗，成为传统文化的继承者和传播者。

（6）文化保育计划和祠堂升级规划。

动员社区居民和义工队成立各类文化整理、保育和传承小组，如莫氏历史书写组、家族故事茶馆、醒狮文化传承队、村史故事采集组、节庆和生活文化礼仪会等。

（7）"鲜活龙新"村经济发展行动。

优化乡村自然、文化环境，在祠堂开设家庭亲子旅馆或修缮具有特色的民宿，开发农业资源，吸引城市社区的居民来村里参观、度假，以消费带动村集体经济的提升。

## 四、"三社联动"计划的实施过程

### 1. 社工专业服务介入：社区治理倡导及留守村活力提升

（1）开展社区漫步、探访和家访。

开展社区漫步、探访和家访，先后走访了 120 余户居民，以莫氏宗祠修复为契机，广泛进行社区治理的社会倡导。

村里莫氏一族人数众多，莫氏祠堂是村政治、文化中心，对于凝聚乡村民心有重要作用。因年代久远又疏于保护，莫氏宗祠已损坏坍塌，祠堂修复成为社区治理的关键切入口。社工积极响应 ZC 区出台的《ZC 区关于村民议事厅建设的指导意见》，联合 12 位村干部、莫氏宗亲会、乡贤、村民一起组成村民议事会，开展 3 次村民议事，为宗祠修复出谋划策；协助村委、莫氏宗亲会筹款，协定修复方案，招投标，跟进施工及建成后用途规划。共筹集个人和村集体款项近 110 万元，于 2015 年 8 月开始动工，2016 年春节前期主体工程完工，2016 年 4 月举行归位仪式。

（2）开展"妇女发展"支持计划、"老有所为"服务计划、"活力少儿"行动计划。

Z 街家庭综合服务中心的社工组建了一支社区妇女舞蹈义工队，有 12 名固定成员以及 10 多名非固定成员。舞蹈队积极参与各种文娱活动，不仅娱乐了乡村，在这个过程中也发展、形成了成员的团队意识，相互之间建立并维持一种良好的关系。Z 街家庭综合服务中心的社工还与舞蹈队进行了一场快乐开心的团队活动，通过团体游戏、焦点讨论等形式增强了团队凝聚力，并加深了队员之间的了解，促进了妇女的和谐共荣。

社工引导舞蹈队队员积极开展义工活动，如"探访老人"的社区探访活动、美食制作分享的"美食分享会"、以春节探访为主题的"送春晖"活动，以及以传统节日为契机的春节包油角活动、庆祝元宵节活动、端午节品粽活动、中秋游园会等主题活动，丰富了村民的文化娱乐生活，促进了村民的沟通互动，营造出和谐共融的社区氛围。舞蹈队的这些活动，使得村子里增添了不少温暖，人与人之间的信任和关怀也在逐步建立和恢复，老人和孩子们也都乐和起来，村子里的氛围也渐渐被调动，孝亲文化逐渐传承。

此外，通过社区文化导赏、少儿趣味运动会、少儿爵士舞学习等活动，让社区儿童增进了对社区的了解和认同。同时，响应民政部有关号召，从 2016 年 8 月起，在 L 村实施儿童福利主任制度，联动大德 ZC 区"青年地带"站点社工，搭建儿童福利服务平台，为 L 村大龄儿童、大病儿童、残疾儿童、辍学儿童、遭受虐待或忽视的儿童以及其他儿童开展各类服务。

**2. 社会组织主导及资源链接**

（1）承担服务主导者的角色。

广州市大德社会工作服务中心承担了服务主导者的角色。首先，聘请广东省政府突发事件应急管理专家、广州市重大行政决策论证专家、广东工业大学教授张晓冰作为 L 村家综项目总监和行政督导，并聘请仲恺农业工程学院乡村治理研究中心研究员张文浩作为 L 村家综专业督导。在调研过程中，专业督导张文浩和社工发现了 L 村作为一个比较典型的农村留守村存在的公共问题，从 2014 年 11 月就着手案例的调研、立项和服务推进。张晓冰督导与项目负责社工蓝正宏还专程到黄埔古港学习调研，以期借鉴黄埔古港众多祠堂的文化传承与展示做法。

（2）链接各方面资源，支持 L 村社区治理。

首先是链接高校资源。与广州大学松田学院政法系开展大学生义工团队的合作；与广东女子职业技术学院合作，学院暑期"三下乡"实践队到 L 村开展文化艺术培训活动和民俗历史收集与整理。2016 年 7 月 10 日，广东女子职业技术学院社工专业骨干教师余缅萍带领 17 名艺术专业大学生到 L 村家综开展暑期"三下乡"活动，以"社工 + 艺术专业大学生"的专业服务模式，在 L 村开展系列活动。

其次是链接大德其他项目站点的支持。大德 ZC 区"青年地带"站点利用青少年服务人力和资源，和家综社区发展部社工一起在 L 村推行儿童福利主任制度，以期深化留守儿童的专业服务。

最后是链接外部资源。大德与 ZC 区某公司签订项目合作协议，由公司资助 1 万元支持 L 村项目的开展。L 村项目还获得 ZC 区社工委 2.5 万元的资助。同时，大德加强社会倡导，在争取外援的同时加速扩散 L 村社区治理的信息和经验，以争取更大的支持和传播效应。张晓冰督导指导家综社工万建军、庞龙共同撰写论文《L 村的"社区营造"规划》，发表在刊物《社区》上。社工撰写《L 村社区营造——文化保育与社区再造计划》，申报华南历史文化遗产保护论坛项目资助，由此，建立了与全国最大的古村落志愿者网络"古村之友"的联系，计划下一步加强联系，链接古村之友的资源开展 L 村保护与活化工作，培养乡村创客持续为 L 村造血。

### 3．社区自组织的培育及参与

（1）文化保育与居民参与。

动员社区居民和大学生义工队成立各类文化整理、保育和传承小组，如莫氏历史书写组、家族故事茶馆、醒狮文化传承队、村史故事采集组、节庆和生活文化礼仪会等。通过在祠堂和活动中心举办各类活动增进村民和外界的关注与参与，逐渐形成本村的文化品牌特色。

打通社区关系，在提升村民凝聚力的基础上，动员村里的老年人、妇女、儿童、男人参与形式不同的社区组织，如老年人历史导赏班、妇女文艺服务队、儿童环境关注组、男性醒狮队、莫氏文化礼仪队等，并开展互助互利的社区项目。

（2）培养骨干，挖掘领袖，促进村民参与社区治理。

以妇女舞蹈队来促进社区妇女的交流和支持网络的建立，现在她们已成为提升社区活力的重要力量、重塑隔代孝亲观念的关键人；由村干部、莫氏宗亲会、乡贤、村民一起组成的村民议事会，开展村民议事，为宗祠修复以及村内重大事件开展民主决策；村委、莫氏宗亲会组织和推动实施村内重大事件和社区治理，并在社工的协助下开展社区公共文化教育和民生改善的活动。

## 五、成效评估及服务结果

### 1．建立家综农村社会工作社区发展探索的典范

城乡接合部家庭综合服务中心探索农村社区治理，是家综农村社会工作的有益探索，既让家综突破了政府主要购买三大服务群体专业服务的局限，也为家综进一步发展提供了启迪和借鉴，建立了家综农村社会工作社区发展探索的典范。

### 2．"三社联动"模式，取得初步成效

在社区治理过程中，社会组织广州市大德社会工作服务中心、Z 街家庭综合服务中心社工、L 村村民及莫氏宗亲会 ZC 区负责人、社区自组织 L 村村委等都在其中发挥了各自重要的作用。社会组织及社工发挥了使能者、教育者、中介者的角色，围绕宗祠修复协助村委和莫氏宗亲会发挥作用，调动村民议事，培育社区自组织，培养社区骨干，挖掘村民领袖，组织村民开展各类活动，鼓励和推动村民参与，恢复村子活力，开展文化保育；村民及村民领袖作为社区治理的主力军和参与者，在社区治理过程中，明白了自己的问题和需要，初步建立了信任友善关系，践行民主参与，发现自我潜能，初步培养了自助、互助和参与精神；村委、舞蹈队、舞狮队等社区自组织，发挥了沟通社区关系、协调社区利益矛盾的中间人作用，在促进社区文明、社区公益，增进社区参与和实现社区自治中都发

挥了一定作用。

### 3. 社区逐渐恢复生机与活力

在服务中，通过祠堂修复，开展主题活动回应社区公共议题，增强了村民社区认同感。通过长幼活动（老人教小辈厨艺、手艺）、探访高龄孤寡老人等，传承并浓厚乡村孝亲文化，恢复孝亲敬老传统；通过整理、传播、弘扬特色文化资源，开展文化保育，增强村民自信心、自豪感和在地感，村子逐渐恢复了生机与活力，年轻人愿意多回来了，多年不活动的醒狮队应承：重大节假日和重大活动，他们会重新舞狮。

尤其是 2016 年广东女子职业技术学院大学生暑期"三下乡"活动带动 L 村儿童青少年寻找和讲述社区的遗迹故事，让乡村的孩子们近距离接触大学生，感受大学生的魅力，也感受文化的魅力，并初步介入民俗文化的建设。

### 4. 整合资源搭建社区治理资源平台取得一定成效

在社区治理过程中，充分发挥莫氏宗亲会在祠堂修复和社区治理过程中的重要作用，并与其建立了长期的 L 村社区治理合作关系。同时，开拓与广州大学松田学院、仲恺农业工程学院、广东女子职业技术学院等高校的合作。建立与全国最大的古村落志愿者网络"古村之友"的联系，计划下一步加强联系，链接古村之友资源推进 L 村造血。

### 5. 项目品牌成效初显，并开始产生辐射效应

项目获 ZC 区 2016 年社会创新试点项目；获 2015 年度广州市优秀创新示范项目。

## 六、反思与展望

莫氏宗祠修复已于 2015 年底完成。社工与莫氏宗亲会会长、村委协商，联合各方力量进行祠堂规划及实施，在其中建立 L 村文化保育基地、青少年教育基地、L 村农优产品展示基地、村民议事厅，开设"婆婆灶堂""老乡茶室"等具有乡间特色的场室，让祠堂成为 L 村经济文化展示和传承的场所。项目总监与项目负责社工还专程到黄埔古港学习调研，以期借鉴黄埔古港众多祠堂的文化传承与展示做法。

但由于在祠堂修复过程中激发出的村落过往的陈旧矛盾没有化解，各方面尝试目前仍未完全解决，致使祠堂至今没有正式投入使用，祠堂规划升级受阻。经各方商量，目前，L 村文化保育基地、青少年教育基地、村民议事厅暂设在 L 村老人活动中心，并已投入使用。

祠堂规划升级的阻力来自村落内部复杂的长期矛盾，虽经过多次的沟通和洽

谈,目前各方面仍没有非常有效的策略深度介入这个矛盾。祠堂升级对于 L 村文化保育传承和经济提升有重要意义,新一周期服务开始,家综将联合区社工委、街道及政府力量介入,争取尽早解决矛盾,使 L 村社区治理计划各方面顺利推进。

社区治理计划顺利推进后,L 村将进入发展的新阶段,包括文化导赏,农产品的展示、加工、销售,乡村旅游等,一个值得期待的社会主义新农村会展示在农村社区治理的成果中。

## 点评:

服务背景和需求预估较为完整、全面,"乡村资源盘点"奠定了较好的前期基础,社区培育、资源链接和推动参与的成效较为丰富。但服务目标较为宽泛,且未能回应需求分析;社区治理的内容较为庞杂,服务焦点、服务重点缺乏深入探讨,阶段性推进意识未能明确,"三社联动"在介入思路和实施过程中的具体策略安排不够突出。

(广东外语外贸大学社会工作系硕士生导师 陈美招)

# 星凤凰展翅：精准扶贫的
# 社会工作探索

苏金亿

## 一、服务背景

### 1. 基本情况

Z街辖内面积90多平方公里，拥有13个村落，人口共4万余，居住较为分散，市场购买力不足，因此辖内缺乏休闲娱乐的商业配套设施，当地村居民缺乏闲暇娱乐休闲去处。相应地，当地也无大企业投资，以小型手工制造企业为主，对劳工需求不大，工种也以长时间劳作的流水线工作为主。近年来因经济发展，Z街许多村都进行了征地拆迁或三旧改造，农村家庭土地被征收后，虽然获得一定补偿，但以务农谋生的农民失地也等于失业。特别是农村妇女，她们普遍受教育程度低，缺乏工作技能。受传统观念和当前经济形势的影响，妇女是照顾家庭的主力，负责照顾老人、小孩，做家务活等，失业人员以妇女为多。同时，不少农村妇女因失业在家染上赌博的不良嗜好。她们通过赌博来消遣闲暇时间，增加人际互动，但也衍生出新的问题，如家庭矛盾、经济困难等。就业困难的问题已成为影响和制约妇女发展的重要因素。推动妇女广泛、平等、充分就业，是维护妇女权益，提升妇女社会地位，促进妇女全面发展的迫切需要。

### 2. 案例概述

Z街社工站（大德社工）根据《中共中央 国务院关于打赢脱贫攻坚战的决定》指导意见，针对Z街农村妇女普遍学历较低、缺乏就业技能、因照顾家庭需要就业时间受限等实际困难，策划星凤凰展翅项目，运用助人自助理念，采用优势视角和增能理论，从丰富闲暇生活、增强支持网络、提升就业技能、培育互助组织、搭建创收平台等方面入手，坚持群众主体，激发内生动力，推进开发式扶贫，发扬自力更生、艰苦奋斗、勤劳致富精神，充分调动群众积极性和创造性，注重扶贫先扶智，增强自我发展能力。逐步引导农村妇女成为解决问题的主体，使得更多失业妇女获得帮助，助力精准扶贫。

## 二、需求评估

### 1. 问题成因

社工通过社区走访、访谈等方式，了解到 Z 街失地妇女、失业待业妇女比较多的原因有以下几点。

（1）失地等于失业。

Z 村大部分村民都以务农为生，他们失地等于失业。

（2）受教育程度低，缺乏就业技能。

大部分妇女在小学或者初中就辍学了，平时主要带孩子、做家务和下地种菜等。土地未征收以前，有地的都是以种地为生，征收后有补偿款，不想再过以前面朝土地背朝天的日子，但是又缺乏就业技能。

（3）辖区内缺乏适合妇女就业的岗位。

Z 街的主要经济产业是建筑业和制造业，建筑业以招男工为主，制造业则大部分是流水线工作，作业时间长。妇女主要承担照顾家庭的责任，包括照顾老人，接送小孩上下学，打理家人一日三餐，打扫家庭卫生等，无法从事工时太长的工作。因此，她们可选择的工种有限，如去楼盘当清洁工或者打散工、帮人摆围餐等。

（4）因失业衍生出其他问题。

辖区内缺乏休闲娱乐的商业配套设施，当地村民缺乏闲暇娱乐休闲去处，妇女照顾老人、接送小孩、做完家务后，闲暇时间较为枯燥。为消遣闲暇时间，许多妇女染上赌博的不良嗜好。因赌博，也衍生出其他问题，如家庭矛盾等。

### 2. 需求分析

（1）丰富闲暇生活的需求。

（2）提升就业技能，拓宽就业渠道，促进就业的需求。

## 三、理论依据

### 1. 优势视角

采用优势视角，挖掘 Z 街优势资源。社工通过调研走访、查阅 Z 街历史资料等方式，挖掘 Z 街优势资源，协同各级政府、村委及妇女共同打造特色产业，最大化地发挥乡村优势资源作用，以及农村妇女的自身优势。

### 2. 增能理论

运用增能理论，社工扮演妇女们的伙伴，从丰富闲暇生活、增强支持网络、提升就业技能、培育互助组织、搭建创收平台等方面入手，逐步引导妇女们成为解决问题的主体，从而促进失业妇女就业。

## 四、服务目标

### 1. 总目标

通过星凤凰展翅项目，提供一个失业妇女就业帮扶平台，让失业妇女及时掌握就业资讯，定期开展就业技能培训班，为失业妇女提供就业指导，对接企业推荐就业等。并针对农村失业妇女、失业残疾人等就业困难的人群提供文创手工艺培训，为他们提供多渠道创收的平台和机会，助力精准扶贫。

### 2. 具体服务目标

（1）提供平台，发展传统手工业。

①成立星凤凰互助会：至少招募 10 名农村失业妇女加入互助会，成立互助会骨干成长小组，培育项目骨干，协助项目日常运作，包括团队管理、项目宣传、成员招募、手工产品研发、线上线下销售项目产品等。每月至少举办 1 次售卖会，每半年开展 1 次团建活动等，增加妇女的人际互动，丰富妇女的闲暇生活，增强妇女的支持网络。

②打造"点点心社"工作室：线上开设"点点心社"手工艺品网店，作为手工艺品销售渠道；线下打造失业妇女活动阵地。

③开展文创手工坊：依托"点点心社"工作室，每周至少开展 1 次文创手工坊活动。

（2）提供培训，引导劳务输出。

①就业技能培训班：依托"点点心社"工作室每半年至少开展一期就业技能培训班，根据失业人员的实际情况及市场需求安排培训班的内容。

②就业直通车：依托公众号、微信群、宣传栏等刊登企业招聘信息，每月至少更新 1 次资讯，为失业人员提供就业信息支持，让失业人员尽快找到匹配的就业信息，推荐就业等。

## 五、服务计划

### 1. 撰写项目计划书

2018 年 8 月至 9 月，项目设想、需求调查及项目书撰写、修改和定稿。社工查阅以往服务记录，通过社区调研、服务信息整理，进一步明晰服务对象、服务目标、行动计划，撰写项目书。

## 2. 项目前期宣传

2018 年 9 月至 10 月，项目前期社区宣传活动。到各村居派发项目宣传单，介绍项目情况，从服务对象数据库中筛选出适龄失业妇女，入户宣传，招募成员，开展社区宣传活动，扩大项目知晓度。

## 3. 项目实施

2018 年 10 月至 2021 年 6 月，项目内容的实施、监督。成立星凤凰互助会，招募妇女加入互助会，制定互助会管理制度；工商注册"点点心社"网店；成立互助会骨干成长小组，培育项目骨干；协助项目日常运作，包括团队管理、项目宣传、成员招募、手工产品研发、线上线下销售项目产品等；恒常开展文创手工坊，如钩针手工坊、编绳手工坊、饰品制作手工坊等，招募失地妇女加入手工坊，培训传统手工艺技能；定期开展互助会团队建设活动；设计星凤凰展翅项目商标，申请注册；将"点点心社"工作室打造为失业妇女活动阵地；管理"点点心社"网店；根据失业人员的实际情况及市场需求，依托"点点心社"工作室开展就业技能培训班，安排培训班的内容；依托公众号、微信群、宣传栏等刊登企业招聘信息，每月至少更新 1 次资讯，为失业人员提供就业信息支持，让失业人员尽快找到匹配的就业信息，推荐就业等。

## 4. 项目成果检查巩固

2019 年 7 月，对项目进行阶段性成果检查；2020 年 6 月，再次对项目进行阶段性成果检查；2021 年 4 月，对项目成果进行检查、巩固。

## 5. 项目成果总结及反思

2021 年 5 月至 6 月，对项目成果进行总结、反思，提炼出一篇关于社会工作介入精准扶贫探索的案例，并进行宣传和经验推广。

## 六、服务过程

### 1. 提供平台，发展传统手工业

（1）成立星凤凰互助会。

社工通过村（居）委协助宣传，招募到 20 名妇女加入星凤凰互助会。设立骨干成长小组，让第一批互助会成员了解星凤凰展翅项目的意义及目标，培养对应的技能，并开展分工会，根据平台招募到的成员的特长进行分工。有的负责研究手工艺品的品种，有的负责材料的采购，有的负责出入库管理，有的负责网店管理，有的负责宣传，有的负责财务管理，以下是分工表。

星凤凰互助会成员分工表

| 内容 | 负责人 |
|---|---|
| 网店管理、材料采购 | 刘敏、龙朝连 |
| 宣传 | 刘结清、全体成员 |
| 样品 | 李自英 |
| 财务 | 苏玉莲、潘亚男 |
| 出入库管理 | 郭细霞 |
| 手工艺制作培训 | 朱玉霞、王正宏、李自英 |

目前互助会骨干成员偶有流动，但是核心骨干在社工的指导下，能协助项目日常运作，包括团队管理、项目宣传、成员招募、手工产品研发、线上线下销售项目产品等。

（2）文创手工坊。

每周三定期开展文创手工坊，如钩针手工坊、编绳手工坊、饰品制作手工坊等，招募失地妇女、失业残疾人加入手工坊，培训传统手工艺技能。由互助会负责培训的成员向大家传授手工艺制作技能，参加者可边学习边制作手工，也可通过手工坊与成员交流，诉说困难，分享心得等，促进成员互助。

（3）"点点心社"工作室。

2019年4月工商注册了"点点心社"手工艺品网店，作为文创手工坊手工艺品销售渠道。线下活动阵地方面，因Z街社工服务站场地装修延期至2020年底，暂时以Z街社工服务站社区组织活动室作为临时活动阵地。

（4）开展例会。

自2019年1月开始，项目开展每月例会活动，通过例会讨论制定收支分配规则，公布平台当月的收支情况，发放当月手工艺品制作补贴，成员共同总结上月平台发展情况，并计划下月工作内容。目前已经开展了15次例会。

（5）举办售卖会。

每月都举办一次摊位摆卖活动，将成员制作的手工艺品展出售卖，此外也与ZX镇制作艾草产品的商家合作，获得代理产品的权利，每次摆卖活动也售卖艾草产品，目前已开展售卖会8次，流水近2万元。

（6）开展团建活动。

目前已开展4次团建活动，通过团建活动，促进成员之间的互动，增进团队感情，提升成员对平台的归属感。

（7）开拓产品销路。

线上线下双管齐下，除了线下摆卖活动，工商注册"点点心社"网店，在淘宝网上展出产品。还通过 ZC 区妇联"红棉睿丽"创新创业集市展示产品。

（8）注册商标。

2019 年 10 月已经申请了商标注册，2020 年 5 月前可以获得独立商标。

（9）完善管理制度。

制定了完善的管理制度，包括人员管理制度、财务管理制度、产品管理制度、服务安全制度等。

### 2. 提供培训，引导劳务输出

（1）就业技能培训。

社工积极与妇联、团委、就业指导中心等部门沟通联络，通过与相关部门合作开展就业培训活动。

（2）就业直通车。

依托公众号、微信群、宣传栏等刊登企业招聘信息，为失业人员提供就业信息支持，让失业人员尽快找到匹配的就业信息，推荐就业等。

## 七、服务成效

### 1. 提供平台，发展传统手工业

（1）平台建设。

培育了星凤凰互助会组织，招募了失业妇女作为项目核心骨干，制定了完善的管理制度，核心骨干能合理分工，维系项目日常运作。目前已服务 21 名失业妇女，社工通过各种方式向她们提供就业机会，成员的技能得到了提升。其中有一名成员参加了项目举办的美甲师培训后，发展了自身的美甲技能，目前正在从事美甲工作。还有一名成员在团队活动中增强了自信心，与朋友合作入股投资一间养生馆，从家庭主妇摇身变成了老板。其他团队成员在项目中也都能获得身心成长，提升手工制作技能，并通过制作手工艺品获得一定的收入补贴家用。

（2）发展传统手工业。

文创手工坊 2019 年创新的手工作品有：透明/奶香手工皂、串珠十二生肖、串珠水果、串珠五角星（各种颜色）、针织鸡蛋袋（超级飞侠，各种颜色的小鸡、小兔子、金鱼、花篮等）、针织小挂件（章鱼、鲸鱼、太阳花、胡萝卜、樱桃、小鸡、白菜、番茄、比卡丘、小猪佩奇等）、艾草枕头。此外，有 2 名赌博爱好者因参加平台活动而减少了赌博次数，虽然没能完全戒赌，但已经有了转变，将更多精力放在了平台的发展上。

（3）增强妇女社会支持网络。

每周三妇女聚集在社工站一边做手工，一边交流手工技能，一边聊家常增进感情，每月例会大家会一起讨论队伍中出现的问题及解决方法，形成了平常生活中遇到困难也会与队员讨论的习惯。售卖活动大家一起互帮互助，积极宣传作品，在热情的氛围中，取长补短，锻炼了口才，开朗了性格。其中一名成员的女儿得了重病，大家把产品义卖筹集的 500 元钱捐给了她。

（4）注册网店。

目前该项目已经工商注册了"点点心社"手工艺品网店，主要用以销售失业人员制作的手工艺品，现阶段商标注册正在审批中。商标注册成功后，将能更好地拓宽手工产品的销路。

**2. 提供培训，引导劳务输出**

（1）就业技能培训班。

2018 年 11 月星凤凰展翅项目协助 Z 街妇女联合会开展了 1 期月嫂培训班，共服务 60 人次；2019 年 10 月，星凤凰展翅项目协助 Z 街妇女联合会开展了美容、烹饪、月嫂、育婴、家政 5 期就业技能培训班，共培训 400 人次。

（2）就业直通车。

依托公众号、微信群、宣传栏等刊登企业招聘信息，每月至少更新 1 次资讯，为失业人员提供就业信息支持，让失业人员尽快找到匹配的就业信息，推荐就业等。目前通过微信群多次发布招聘信息，通过公众号为 30 家企业发布了招聘信息，并入户向 20 户失业家庭宣传就业资讯。

## 八、总结反思

大德社工自 2014 年 7 月承接 Z 街社工服务站，就在街道党工委的领导下开展妇女帮扶、促进成长等各方面专业服务，并于 2017 年 6 月依托 YN 社工站承接了广州市妇联及 ZC 区妇联玫瑰公益创投项目，Z 街站点协助该项目工作时策划了本项目。一开始主要是从丰富妇女闲暇生活入手，经过了近两年的实践，逐步探索精准扶贫的介入。星凤凰展翅项目的成员从 3 人发展到了 20 余人，手工艺产品种类逐渐丰富，帮助一批缺乏自信和技能的待业妇女提升了经济收入、就业技能以及就业信心。在社工站与成员的努力下，项目得到了良好的发展。

新冠肺炎疫情的突发，增加了我国经济发展环境的不确定因素，给就业工作带来很多困难和不利影响。因此需加强对农民工、就业困难群体等重点群体的就业指导，同时，大力开发就业岗位，多渠道拓宽就业门路。自 2020 年 1 月疫情暴发以来，项目受制于不能开展聚集性活动，线下活动已暂停，但为了保障服务不断层，项目社工依然通过微信向团队成员发布手工制作小视频，鼓励她们通过网络学习手工艺品制作，并分时间段到社工站领取制作材料，在家制作手工艺品。同时，项目社工也积极研究项目发展方向，为疫情结束后项目发展做准备。

项目能遵从精准扶贫的基本原则——坚持群众主体，激发内生动力。推进开发式扶贫，处理好社会帮扶和帮扶对象自身努力的关系，发扬自力更生、艰苦奋斗、勤劳致富精神，充分调动失业妇女的积极性和创造性，注重扶贫先扶智，增强失业妇女自我发展能力。

虽然社工着力打造扶贫公益品牌，开展低风险、零成本创新创业服务，但受妇女自身知识和能力限制，服务推进进度较慢。在产品研发方面，还需继续引导成员考虑融合中国传统文化及传统手艺。同时，加大对项目的宣传力度，为产品开拓销路和市场，保障项目的长效发展。

此外，社工还需要研究与实践相结合，积极发挥倡导作用。一方面要开展扶贫帮扶；另一方面要结合实践工作进行扶贫工作研究，如服务模式研究、扶贫方式研究。社工还需要积极利用自身资源，整合失业人群共性需求，向各级政府及有关部门反馈，发挥倡导作用，推动脱贫工作开展。

## 点评：

问题的成因分析较为完整，理论依据合理，服务的阶段规划非常具体，且思路清晰，服务内容较为丰富，服务产出已初具规模。但服务目标与服务需求之间存有偏差，农村妇女的群体细分、在地就业资源的盘点、就业技能的具体类型、劳务输出的具体区域都将为精准扶贫的精准度提升、成效面拓展带来专业的影响。

（广东外语外贸大学社会工作系硕士生导师　陈美招）

社区发展篇

# 残康共融　志愿守护
## ——社区友伴同行项目开展纪实

何雁君

## 一、服务背景

### 1. 项目来源

社工在开展社区服务的过程中发现 Z 镇内有大量的残障人士，根据社工调研，Z 镇辖区的残障居民大多分布在 A 村、S 村等村居。

### 2. 项目现状

（1）居住情况。

残障居民主要居住在自建的老房子或政府建的平房里，大部分人的居住条件较差，房屋比较破旧，有漏水、脏乱等情况。

（2）心理状况。

残障人士由于身体状况，经常独自一人在家，无法外出，家人各自忙各自的事情，导致残障人士心里堆积的情绪无人诉说，低落的情绪时常存在。

（3）社交情况。

44% 的残障居民日常往来的对象多数为家人、亲戚，跟街坊朋友聊天、主动散步这两项日常活动各占 20% 左右，此外有 75% 以上的健康居民对残障人士缺乏了解。

（4）服务需求。

残障人士服务需求主要集中在文体康乐、居民互动两方面。

## 二、需求评估

### 1. 独居残障人士的需求

（1）情感支持的需求。

社区残障人士受到经济、疾病等困扰，家庭、社会给予的支持较少，没有其他可以沟通与交流的对象，得到的情感支持与陪伴也极少。不少的残障人士在生活上相对保守，缺乏外出的动机和条件，极少与其他居民来往，社交严重缺乏，因此促使残障人士与外界的接触对于提升残障人士的幸福感与改善情绪有着非常重要的作用。

（2）照顾支援的需求。

由于残障人士肢体行动不便，细微的日常照顾如理发、剪指甲、洗厚重衣被以及打扫卫生等较少被关注到，并且残障人士因为身体原因很多清洁工作无法完成。根据社工接触的个案和居民的反馈，部分残障人士的卫生问题对健康、人际关系影响比较大，一方面是卫生问题容易导致残障人士感染疾病；另一方面不整洁的仪表不利于残障人士与他人互动，由此可见残障人士需要通过细微照顾的支援改善健康、人际关系问题。

（3）物资帮扶的需求。

由于一人独居，有些肢体残疾的残障人士外出不便，无法自行购买生活必需品，只能靠邻居、亲属来访时帮忙购置。例如大米，由于无法自行购买，邻居在外打工，早出晚归，亲戚较少来往，只能日常减少食用量，导致面黄肌瘦，影响健康。

**2. 有照顾者的残障人士的需求**

（1）照顾者情感支持的需求。

一些残障人士长期卧床，生活无法自理，需要人照顾，而照顾者长期照顾残障人士，以至于压力增加。由于照顾者生活单一，压力无法较好地舒缓，有时会将脾气直接发到残障人士身上，导致家庭关系逐步恶化，不利于残障人士、照顾者身心健康。

（2）照顾者服务技巧的需求。

部分残障人士年纪较大，由自己的家人照料，家人在照顾技巧上有所欠缺，导致残障人士无法得到较好的康复治疗，加重病情的恶化，例如长期卧床的残障人士，没有定时翻身，以致后背产生淤血或手脚经常出现抽筋、麻痹的现象，长期的疏忽会增加残障人士中风的可能。

## 三、理论依据

### 1. 社区照顾模式

社区照顾是整合全部社会资源，运用正规照顾和非正规照顾网络，为需要照顾人士在家庭或者社区中提供全面照顾，促成其过正常人的生活。同时，从照顾提供者的角度，可以将照顾分为正规照顾和非正规照顾。正规照顾通常指由政府承担及提供的照顾性服务，而这些正规服务多由政府人员及专门工作人员提供。非正规照顾则是指由家人、亲友或者邻居基于情感和人伦上的因素及动力而提供的无偿照顾。

### 2. 应用分析

社工在服务过程中，先列明服务对象现阶段拥有的全部资源，再考虑从四个不同的层面去介入提供服务。一是行动照顾：关注服务对象生活居所，开展居家清洁服务。二是物质支援：搭建微心愿平台，解决服务对象实际问题。三是心理支持：友伴服务，倾听服务对象故事，了解服务对象近况，陪伴服务对象。四是整体关怀：整合服务对象内外资源，利用资源缓解、解决服务对象需求。

## 四、服务目标

搭建党群帮扶平台，扩大困境残障人群的社交支持网络，培育专项探访志愿者为残障人士提供上门志愿服务，为残障人士提供情感支持、照顾支持等友伴服务，促使困境残障人士获得情感支持和照顾支持。

## 五、服务计划

### 1. 组建、培育红色先锋友伴服务队伍，开展活动

（1）组建队伍。

组建一支以广东农工商职业技术学院各党支部成员为主的项目志愿者队伍，与学院党建工作室签订合作协议，招募合适的党员、入党积极分子志愿者，同时发动其他社区居民加入项目志愿者队伍。

（2）培育队伍。

根据服务需求，为项目志愿者队伍提供专才培训和支持，定期开展友伴座谈会，了解服务过程中志愿者队伍遇到的困难及问题，讨论介入方案，引导志愿者们总结经验。

（3）提供转介服务。

跟踪走访志愿者队伍遇到的难以介入的问题案例，提供转介服务或以专业辅导个案方式提供服务。

（4）举办团建活动。

定期举办志愿者队伍的团建活动，增强团队凝聚力，举办嘉奖表彰活动，提升成员的荣誉感，从而提高服务投入度。

### 2. 联合社工驻村平台，走访覆盖兜底人群，发掘重点服务对象

由于项目服务的村落较为分散，为了更高效、准确地收集挖掘有需要的残障人士，项目结合社工驻村平台及大学生志愿者每周实践平台，走访辖区的兜底人群，包括低保、低收、五保、孤儿、重残等群体，筛选符合友伴服务项目的服务

对象，为其建立专门服务档案，签订服务协议，制订个别化友伴服务计划。

### 3. 搭配友伴对象，提供友伴服务工作

首先，定期开展项目宣传，加深村民对友伴服务项目的知晓度；其次，开展一对一结对友伴工作，通过建立跟进档案，入户提供陪伴聊天、居家清洁、大件衣物清洗等服务满足残障人士的需求；再次，关注友伴项目开展，定期走访残障人士，了解他们对服务的满意度。

### 4. 服务推广，成果展示

首先，在项目开展的过程中加强项目的宣传，制作友伴服务故事集及宣传画册，扩大志愿服务的影响力。其次，在项目周期结束之际举办项目成果展，对项目志愿者队伍成员进行嘉许，表彰表现突出的党员志愿者、党组织，弘扬志愿精神，并总结服务成效，推广本服务项目。

## 六、服务过程

### 1. 培育队伍

（1）培育背景。

友伴陪同项目的志愿者需要上门提供陪同聊天、外出散步、家居清洁、康乐互动、便民服务等，因此志愿者需要学习和掌握不同的知识和技巧，包括困境人群生理与心理特征、沟通与探访技巧、具体服务技巧、突发事件处理及注意事项等。希望通过能力训练课程，支援项目工作以及团队建设，促使志愿者有信心和有能力提供高质量的服务，提供的能力训练主题内容包括志愿服务基础知识、服务对象的心理特征、探访技巧、摄影技巧、友伴探访记录表撰写技巧、特长应用培训等。

（2）友伴志愿者培育流程。

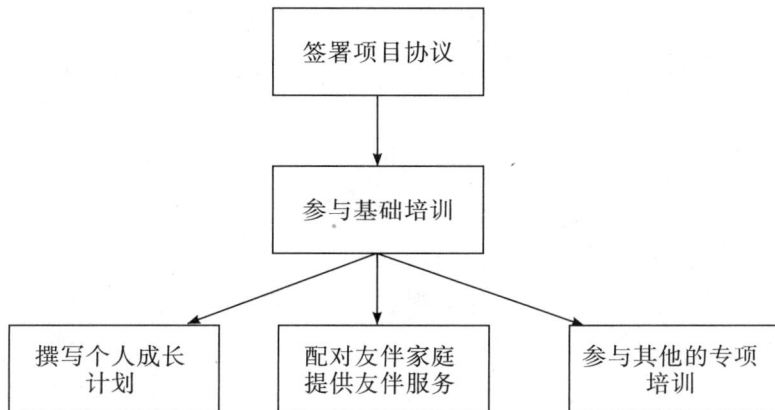

（3）培育大纲。

| 培育课程 | 课程主题 | 具体内容 | 具体形式 |
|---|---|---|---|
| 基础培训 | 社区友伴同行项目友伴志愿者培育计划之基础培训 | 团队志愿者破冰、志愿服务基础知识介绍、社区友伴同行项目介绍、项目服务流程介绍、服务记录填写模拟 | 通过 PPT 讲解、播放社区友伴同行项目宣传视频及模拟填写友伴服务记录表的形式开展 |
| 技巧培训 | 社区友伴同行项目友伴志愿者培育计划之探访技巧培训 | 友伴服务对象身体、心理特征，探访技巧，沟通技巧，情绪处理技巧 | 通过 PPT 讲解及情景模拟的形式开展 |
| 特长技能应用培训 | 社区友伴同行项目友伴志愿者培育计划之志愿者特长技能应用培训 | 手指操、律动游戏、手工等，鼓励友伴志愿者利用自身特长、优势，结合友伴服务对象的实际需求设计友伴内容 | 通过 PPT 讲解及现场学习的形式开展 |
| 摄影技巧培训 | 社区友伴同行项目友伴志愿者培育计划之摄影技巧培训 | 摄影的构图技巧、构图的禁忌、常用的构图方法 | 通过 PPT 讲解及现场手机实操的形式开展 |

### 2. 筛选陪同对象

（1）特征。

缺乏照顾的困境残障人士。

（2）意愿。

服务对象主动申请社区友伴同行项目、居/村委转介、社工外展/探访评估。

（3）申请陪同计划内容。

陪伴聊天、居家清洁、清洗大件衣物、外出散步、个人卫生帮扶（例如理发、剪指甲等）、政策咨询了解、其他（需自行补充）。

### 3. 友伴同行，志愿守护

（1）第一阶段（服务时间：30~60 分钟；服务完成所需次数：1~3 次）。

| 目的 | 内容 | 所需材料 |
|------|------|----------|
| 建立关系，并达成合作协议 | ①服务对象同意接受社区友伴同行项目服务<br>②社工带领志愿者前往服务对象家中，向服务对象介绍服务内容及流程，包括：填写社区友伴同行项目服务申请表，书面/口头告知服务对象社区友伴同行项目友伴服务知情同意书内容<br>③服务对象签署社区友伴同行项目友伴服务知情同意书 | ①社区友伴同行项目友伴服务知情同意书<br>②社区友伴同行项目服务申请表<br>③社区友伴同行项目评估记录表<br>④友伴服务记录表 |
| 收集、评估需求 | ①服务对象填写社区友伴同行项目服务申请表<br>②社工评估服务对象需求，并填写社区友伴同行项目评估记录表<br>③社工根据服务对象需求及频次，与服务对象共同设计一系列的陪同计划 | |
| 建档、归档 | ①服务结束后，将首次服务的内容填写到友伴服务记录表中<br>②将首次收集到的资料转交给志愿者，并按共同设计的陪同计划开展服务，达成配对工作 | |

（2）第二阶段（服务时间：40~60分钟，服务完成所需次数：1~3次）。

| 需求类型 | 服务内容 | 注意事项 | 所需材料 |
|----------|----------|----------|----------|
| 情感支持 | 聊天 | ①尽量避免敏感话题（服务对象触碰到此类话题会流泪或出现不开心、沮丧等消极情绪）<br>②多聊服务对象开心、主动回应的话题 | ①友伴服务记录表<br>②服务过程照片<br>③政策咨询类服务还需提供政策资料 |
| | 散步 | ①服务对象是否能够走动，是否愿意出去散步<br>②对于有轮椅的服务对象，询问是否能够自行操作轮椅<br>③如服务对象想每天都出去走走，社工或志愿者可收集服务对象身边的资源（亲属、邻居），争取利用身边的资源，每天都搀扶、推服务对象到外面 | |

（续上表）

| 需求类型 | 服务内容 | 注意事项 | 所需材料 |
|---|---|---|---|
| 居家卫生问题 | 居家清洁 | 主要是指家里卫生打扫、清洗大件衣物；在清洁服务进行前，让服务对象告知志愿者家里有哪些东西是可以丢的，哪些东西是不能丢的，以及在清洁过程中需要注意的地方 | ①友伴服务记录表②服务过程照片③政策咨询类服务还需提供政策资料 |
| | 个人卫生 | 具体如理发、剪指甲等，主动询问服务对象对发型的要求 | |
| 政策帮扶 | 政策咨询 | ①必须符合政策规定且必须是合法的政策，才能告知服务对象②办理流程必须符合政策规定 | |

（3）第三阶段（服务时间：30~50分钟）。

| 服务内容 | 需求类型 | 评估标准 | 所需材料 |
|---|---|---|---|
| 结案 | 情绪支持 | 通过友伴服务后，悲伤、无用感等消极情绪得到缓解，并且在遇到消极情绪时，能够寻找到有效的释放方式（亲属、朋友、邻里倾诉，做自己感兴趣的、能够分散注意力的事情） | 结案表/回访记录表 |
| | 居家问题 | 居家环境得到改善；对于生活不能自理的服务对象，定期回访并进行居家清洁 | |
| | 政策帮扶 | 已了解政策；符合申请政策（低保、五保、残疾等福利政策）的服务对象，通过自己努力或主动寻求协助，成功申请到福利 | |

（4）第四阶段（服务时间：20~40分钟）。

| 服务内容 | 回访内容 | 所需材料 |
|---|---|---|
| 回访 | ①了解服务对象近况②友伴服务结束后，遇到困难时，是否能够自行寻求资源解决③评估是否出现新的需求 | 回访记录表 |

#### 4. 服务推广，成果展示

（1）联合多元主体参与，扩大服务宣传面、服务对象受益面。

项目在宣传、推广的过程中，联合各村党支部、居家养老平台、社工站线上公众号平台等发布项目宣传海报，明确项目服务主题、项目服务内容、项目服务受益群体、志愿团队的培育、志愿团队的"福利"（基础培训、专项培训、座谈会、团建、嘉奖），并按季度的形式汇总服务成效，采取线上线下的形式宣传服务的进度，吸引更多的社区居民/村民加入志愿队伍，参与到友伴服务当中，同时让更多人关注残障群体，了解残障群体的需求，并且让更多残障服务对象知道友伴服务、享受友伴服务。

（2）总结服务成效，开展项目成果展，推广服务项目。

总结项目服务成果，展示服务内容，并且举办友伴项目志愿服务表彰大会，表彰项目过程中表现突出的党员志愿者、社区志愿者，同时联合新闻媒体报道项目服务成效，扩大服务影响面，弘扬志愿服务精神。

（3）编制服务指引手册，让志愿服务走上"快车道"。

项目结束后，编制服务指引手册，将服务流程、服务手法编制在册，在延续服务过程中，有效提升新志愿者了解服务的流程、服务的手法，引导新志愿者快速"上手"，提供优质的服务。

## 七、服务成效

#### 1. 社区层面

（1）联动多元主体参与，提升服务质量。

项目在运行的过程中，联合了党委、民政办、各村党支部、居家养老服务中心、社工服务站的各个部门以及 LP 领袖志愿团队，为申请友伴同行项目的服务对象提供了不同层次的服务，如党委招募了党员志愿者提供上门慰问及赠送慰问礼品的陪同服务，民政办提供服务对象名单，各村党支部党员为社工挑选潜在的服务对象，LP 领袖志愿团队为服务对象提供居家安全改造服务等。各方联动，为服务带来了实际性的成效。

（2）缓解、解决服务对象需求，增强服务对象归属感。

项目服务内容包括陪伴聊天、居家清洁、清洗大件衣物、外出散步、个人卫生帮扶（例如理发、剪指甲等）、政策咨询了解、其他（需自行补充）等。项目采用"社工＋志愿者"的形式，联合多方资源，回应服务对象需求，缓解、解决服务对象实际问题，增强服务对象对社区的归属感。友伴同行项目共解决服务对象实际问题 75 次，其中包括居家清洁（10 次）、资源链接（实现微心愿 40

个）、政策咨询（低保咨询 2 次）。

（3）重视残障群体，打造残障人士与健康人士的平衡点。

在服务过程中，有 80% 的残障人士都希望自己能够像健康人一样参与就业、拥有正常的社交，但由于自身的身体状况，缺乏资源，无法满足需求。由于服务群体较多，社工站以党建引领为首，将残障人士按类别分类（党建领域负责残障党员；重点服务领域负责需申请友伴服务的服务对象；基础领域按照年龄划分各自的领域，负责各自年龄段的残障人士），分别设计服务，据不同类别的服务对象，结合服务对象的特质，设计不同类别的服务，让残障群体享受各类服务。

**2. 服务对象层面**

（1）倾听故事，舒缓低落情绪。

90% 的服务对象都有情绪支持的需求。通过社工组织的探访培训、专项培训，在面对服务对象时，志愿者知道如何去"打开"话题，如何去缓解沉默的聊天氛围，如何让服务对象更好地倾诉自己的情绪。服务对象对志愿者的表现均给予肯定、感谢的评价，同时表示非常感谢志愿者能够倾听他/她的故事，让自己拥有了忠实的"听众"。

（2）提供居家清洁服务，生活环境得以改善。

项目为服务对象提供居家清洁服务 10 次，在居家清洁服务过程中，志愿者均是先询问服务对象物品的弃留和摆放位置、需清洗的家具和衣物情况，再实施清洁行动。每次清洁行动结束后，服务对象都会对此表示肯定及感谢。

（3）陪同外出散步，心情得以舒畅。

项目中有三组志愿者所对接的服务对象有外出散步的需求，每两个星期，志愿者会上门陪伴服务对象外出散步，活动的范围包括公园，老人活动中心或邻居家，服务对象感叹社会服务的逐步优化，使其能够在有能力的情况下踏出家门，感受大自然的美，呼吸新鲜的空气。

（4）解决实物困难，缓解生活压力。

项目整合社区资源，联合党员力量，发挥党员先锋模范作用，搭建微心愿平台，为服务对象链接了 30 种实物（大米、食用油、电风扇、电饭锅等），社工及党员志愿者共同将物资送到服务对象家中，服务对象对微心愿服务予以赞扬。

**3. 志愿者层面**

（1）专业服务技能提升，增强服务技巧。

项目培育志愿团队，定期为团队开展专项志愿服务知识、服务技巧培训，引导志愿者在服务过程中为服务对象提供更深入的服务。

（2）定期开展分享会，改善服务过程中的漏洞，提高团队凝聚力。

定期开展座谈会、分享会、团建，让志愿者能够在轻松、愉悦的环境下分享服务过程中遇到的困难，共同面对所遇到的困难，想出相对应的解决办法，当再次遇到同类问题时，能够采取预计的解决办法及时解决，改善服务过程中的漏洞，同时通过分享，拉近志愿者之间的距离，提高团队凝聚力。

（3）定期、定时参与服务，充实闲时生活。

项目定期、定时开展服务，志愿者根据自己的闲暇时间，合理安排参与服务的时间，既能够满足"助人"的行为，也能够充实自己的闲时生活。

## 八、总结反思

1. **以党建引领为首，联合多元主体参与，增强沟通、互助精神**

服务以党建引领为首，联合多元主体参与（各村党组织、社区党支部、党员社工、社区志愿者），在增强社工站与各党支部、党组织、社区志愿者交流的同时，针对服务对象的需求，共同为服务对象排忧解难。

2. **签署同意协议，确保服务可持续性，增加服务对象信任度**

服务对象签署同意协议，确保服务过程中，社工站、志愿团队提供的服务符合服务对象的意愿。服务对象在享受服务的过程中，如有不满或疑问，可根据协议中的投诉方式去投诉。

3. **设计、开展专项主题培训，增强志愿团队的服务能力**

根据服务对象的特质设计相对应的专项培训，以防志愿团队在服务过程中服务能力只停留在基础阶段，无法提供更多、更深层次的服务。

4. **及时解决服务难题，定时团建，增强志愿团队的凝聚力**

定期、及时收集志愿团队在服务过程中遇到的困难，根据实际情况去解决、调整志愿团队遇到的困难，增强志愿团队的可持续性服务，并且定期开展团建，增强志愿团队的凝聚力。

## 点评：

服务设计上，服务背景和服务需求分析恰当，服务目标紧扣需求，服务计划和内容体系层次分明；服务推进思路清晰，内容丰富，产出丰硕。服务成效上，受益对象认可度高，社区影响力较大，较好地推动了社区多元主体的积极参与，较充分地调动了社区的公益资源，较精准地促进了结对帮扶。残障人士及其需求的分层分类可进一步细化、挖掘；志愿者在服务中的成长亦可列入成效分析之中；"服务推广，成果展示"的具体落实情况和相关成效尚未显现。

（广东外语外贸大学社会工作系硕士生导师 陈美招）

# 同心互助　耆康年华
## ——社区空心群体互助小组构建纪实

廖丽美　蒋小燕

## 一、服务背景

党的十九大提出实施乡村振兴战略，是以习近平同志为核心的党中央着眼党和国家事业全局，深刻把握现代化建设规律和城乡关系变化特征，顺应亿万农民对美好生活的向往，对"三农"工作作出的重大决策部署，包含"产业兴旺、生态宜居、乡风文明、治理有效、生活富裕"五个方面的要求。其中，传统村落的发展振兴是重要一环。随着城镇化的不断推进，农村劳动力逐渐向城市转移，"事实空心村"现象日益突出。Y街道下辖 9 个行政村，7 个社区，在 Y 街的 9 个行政村中，大部分老年人与子女分开居住，有些子女偶尔会前来关心其生活起居，虽未算得上完全的"空巢长者"，但由于长时间的独居，情感支持逐渐变得薄弱。

为了改善社区空心化现象，Y 街社工站以地区发展模式为理论依据，通过搭建社区互助平台，提高社区居民互助意识，改善"事实空心村"存在的问题，提高社区居民的生活品质和幸福满意度，使他们在社区内获得凝聚力、认同感、幸福感，为传统村落的保护与发展提供保障与支撑。

## 二、问题盘点

### 1. 农村空心群体社区参与少，交往互动不足

空心群体由于自身的特殊性，在村居中一般处于弱势地位。他们缺乏亲属关注，邻里交往也相对匮乏，村内也缺乏关爱空心群体的氛围，最终可能导致有些人逐渐封闭自我。因此他们具有增进村居内互动与交往的需要，社工站倡导大力推进农村基本公共文化设施的建设，使他们能有更多的机会接触到他人和外界。通过宣传营造出良好的文化氛围，同时丰富他们的文化生活，让他们能积极参与村居活动，积极地与其他村民、志愿者等进行良好互动，同时也可以为互助机制的建立培养互动基础。

**2．农村空心群体健康管理知识缺乏，社会支持网络薄弱**

村居的资源目前只向兜底群体铺开，但空心群体同样需要得到相应的资源支持。社工站将综合使用各种策略强化空心群体的社会支持网络，包括个人增能与自助、家庭照顾者支持、邻里互助、志愿者链接、社区权能增强等，最终帮助他们实现社会、社区、家庭和个体层面的有机统一，构建系统的社会支持网络，建立常规化、可持续的互助服务机制。

## 三、理论依据

### 1．社会支持网络

社会支持网络分为正式支持网络和非正式支持网络。正式社会支持包括政府、社区等。非正式社会支持包括家庭、朋友、邻居等。社工站将在服务中为空心群体扩展他们的社会支持网络或建立新的社会支持网络。一个人的社会支持网络越大，就越能应对来自各方的挑战，所面临的困难将会更加容易得到解决。

### 2．应用分析

基于社会支持理论，社会工作强调个体社会支持网络的重要性，从而发挥支持网络在生活中的功能。因此，社工需要帮助居民发挥现有的社会支持网络的力量，同时也建立新的社会支持网络，寻求多方面的支持，从而更有效地应对紧急事件的发生。

## 四、服务目标

促进社区内事实空心长者学习和掌握健康管理知识、社会政策等，使他们的自我管理意识得到提升，从而不断认识和肯定自我价值；同时，增强社区支持网络构建，并促进事实空心长者之间产生互助行为，以此营造社区互助氛围，强化空心长者之间的互助意识。

## 五、服务计划

### 1．初期

（1）目标：促进组员相互认识，加深组员之间的互动，建立小组关系，并制定小组规范。

（2）通过破冰游戏——"传递爱心"来消除组员之间的陌生感，拉近组员之间的距离，在组员产生足够多的交流后，在社工的引导下制定小组规范。

（3）借助长者手指操的学习和训练，加深组员的互动。

（4）以老照片、老物件的展示和故事叙述作为切入点，引导长者回忆过往，并从人生中最难忘的一件事这个话题，带出长者们的经验分享，为下一节的分享环节做铺垫。

### 2. 中期

（1）目标：以知识的学习、经验的传递激发组员的自助和互助意识，增强小组凝聚力，发挥小组动力作用。

（2）社工引导组员分享自己的身体状况、管理心得、突发状况以及应对经验等，以此激发组员重视自我管理、自我提升，并让组员学习制作急救管理卡，巩固组员自我管理的知识和经验。

（3）社工引导组员分享日常饮食习惯，以此引入健康饮食和膳食管理的知识，并让组员学习制作健康食物盘，提升组员对饮食管理的重视。

（4）社工借助总结组员所学知识的契机，初次引入互助理念，鼓励组员在自助的前提下萌发互助意识。

（5）通过播放《邻里互助生活好》视频短片，鼓励组员分享一件因帮助他人而获得幸福感的事，肯定长者的自身价值，引发组员对互助行为所产生的价值感进行思考，进一步加深组员互助的意识。

（6）带领组员学习社会养老政策，主要围绕已有的社会政策和社工站长者服务给组员进行知识的普及。

### 3. 后期

（1）目标：回顾和总结过往小组活动内容，处理组员的离别情绪，使小组动力在小组结束后发挥作用。

（2）回顾过往小组活动影像，每一位组员分享心路历程和所感所得，社工总结组员在小组中的成长。

（3）组织组员共同完成绘画作品，并在作品上签名留念。

（4）社工鼓励组员在未来遇到问题的时候主动寻求其他组员的帮助，进一步增强组员间的互相支持。

## 六、服务过程

### 1. 初期

社工引导组员相互认识，同时介绍小组，包括小组的目的、意义等。社工带领组员参加破冰游戏后，协助组员制定小组规范和制作组员名牌卡片。前期组员参与比较被动，也会说自己年纪大了，否定自己的能力。社工不断引导和鼓励组员，兼顾发言多和发言少的组员，看到组员的优点并将此放大来肯定组员，让大家发现自己的价值。

在社工组织组员制作关于个人疾病的管理卡时，个别组员认为将个人疾病在小组中分享，容易泄露个人的隐私，对社工提出质疑。社工接纳组员提出的建议，改进健康卡填写的形式，凸显健康卡作为"提醒卡"的作用，引导组员正视个人健康，冷静对待，理性分析；同时，引导组员分享自己的真实感受。

### 2. 中期

在第三次小组活动时，社工引导组员围绕"饮食安全"分享想法，组员们纷纷踊跃发言，其中一个组员提到自己的家人做菜放很多油盐，饮食习惯并不健康。社工借助该问题追问其他组员什么才算是良好的饮食习惯，组员们有序地发表看法，有提到少吃辛辣刺激食品的，有提到养成少油少盐饮食习惯的。小组成员在分享经验和感受期间，比前期更有序，能做到细心聆听。社工借助融洽的话语气氛把健康饮食卡片分发给组员，鼓励组员自行学习并将方法分享给家人或朋友，加强饮食的管理。

在本阶段，组员比前期更主动、更积极，不仅能主动参与到分享环节，在其他组员分享健康知识和社会政策的时候，也能做到不打断、不否定，小组团队凝聚力更强。社工在每次小组活动开始前都会带领组员进行热身，在热身运动的过程中，其他组员会提醒身体状态没有那么好的组员注意安全，慢慢跟上。在分享社会政策期间，个别组员听到一些符合其他组员申请的政策时，还在旁鼓励他们去了解和咨询；在小组活动过程中，组员会相互提醒，保证团队更有整体性，小组的互助氛围形成。

### 3. 后期

进入中后期，社工巩固组员在小组中学习到的经验，使其能运用于日常生活中，从而进一步发展和成长。社工告知组员离组的时间，随后运用模拟练习来巩固小组的目标。社工在小组中使用情景体验的方法，引导组员应对日常生活中关于健康管理和饮食管理可能出现的困惑。社工将组员分成 A、B 两组，A 组提出可能遇到的困惑，B 组对其困惑提出参考的解决办法，随后两组对换身份再次进行，社工在旁肯定组员的正面感受，增强组员的自信，鼓励组员独立。

而后，社工评估了小组目标的实现情况，以焦点访谈的形式，围绕小组目标，让组员分享在小组中的所获所得，并初步了解组员对小组结束的情绪和感受。不仅巩固其已经习得的技巧，还协助组员制订将来的计划，以适应外部的情境，处理未完成的工作。

## 七、服务成效

### 1. 个人层面

本小组成员共 10 人，在小组后期的意见反馈测评中，所有组员对问题"您通过参加小组学会了利于身体健康的知识""您通过参加小组了解了老年人的养老资讯"的打分均是 3 分（分值区间为 1~3 分）。同时结合社工在小组活动中的知识提问，组员均能回应关于健康管理的知识点，并能说出至少 1 项关于长者养老的资讯，说明组员的健康知识和养老相关知识都有所增加，且 10 名小组成员中有 9 名组员均表示自己学习到新知识，感到很充实。除了 1 名言语沟通不便的小组成员外，其他组员均表示这些知识对自己未来的生活有很大的帮助，小组目标基本达成。

### 2. 朋辈支持层面

在小组后期的意见反馈评测中，所有组员对问题"您愿意在小组结束后继续尝试与组内其他老人多接触吗""您愿意在小组结束后组内其他老人有需要时帮助她/他吗"的打分均是 3 分（分值区间为 1~3 分）。社工还在小组活动过程中观察到组员的关系逐渐亲密，能够约定好一起来参加小组活动，有几个组员会经常聚在一起聊天。由此可见，小组成员提升了生活中的互助意识。小组目标基本达成。

### 3. 社区层面

小组组员大都来自村内，其中部分组员长期一人居住，在生活中不存在物质需求的困难，但长期的独居生活造成了他们缺乏情感慰藉，对自我的认知也逐渐降低，本次小组活动为村内的事实空心群体带来了一定的社会支持，不仅使得小组成员在自助与互助中重新认识自我，降低了生活的孤独感，也同时获得了个人价值感和归属感。另外，小组活动丰富了社区居民的闲暇生活，促进更多的社区空心群体融入社区并参与社区服务，也提升了小组成员对社区空心群体的关注意识，并接纳社区互助行动，为社区互助平台的建立奠定了基础。

## 八、总结反思

### 1. 关于小组活动在社区中影响力的反思

小组活动的地点选在了社区中的传统村落，以建立空心长者支持平台为策略，联动社区各方，旨在最大限度地宣传空心互助理念。本次小组活动中，当地村委对小组活动的开展给予了力所能及的支持，在小组活动的前期准备工作中，村委向社工表示，村内确实存在不少缺乏情感慰藉的人群，社工此次开展的小组活动会带来一定的正向影响力。虽然目前对于农村空心人群还未有相关的政策覆盖，但是社工先行的互助服务在一定程度上弥补了这一缺失，定会在以后对空心群体及所在社区带来不可估量的积极作用。社工在日后的空心互助服务中，需要注意提高服务手法的专业性，以符合地区特色，真正做到回应需求，提升服务影响力。

**2. 关于内容设计的反思**

本次小组活动中加入了许多强身健体的运动类环节，是组员最喜爱的环节之一。以后在长者领域，社工在设计小组活动时都可以适当加入此类环节，以调动组员的积极性和参与度，增进组员之间的互动。作为互助小组，社工还需要思考并增加更多能体现互助成效的环节。

**3. 关于社工角色的反思**

社工在不同的小组阶段应该有不同的角色。开始的时候，为了凝聚所有的组员，社工必须是管理者、带领者的角色，但是当小组逐渐稳定的时候，继续担任带领者一方面限制了部分组员的自我发展，同时也不利于社工对于每一位组员的观察及评估，无法更好地帮助每一位组员成长。社工需要随着小组的发展而改变角色，从管理者、带领者到协助者，再到观察者和危机处理者，最后担任反馈者的角色。

## 点评：

服务设计契合实际，乡村振兴战略的精神要义理解到位，问题盘点精准明晰，且服务目标具体、可行；小组计划的阶段目标明确，活动内容较适宜长者参与，带领者引导有力；参与组员的知识提升明显，互助意识有所改善，朋辈支持初步得到增强。但问题较大、目标较多的社区空心群体仅仅依托一个小组服务显得较为局促，尤其在增强社会支持网络、推动社区参与、提升社会互助这些方面。此外，服务的受益面、覆盖面有待进一步拓展，农村空心群体的具体分布有待进一步明确和跟进。

（广东外语外贸大学社会工作系硕士生导师　陈美招）

公共卫生篇

# 红棉守护 社工逆行
## ——大德社工守好社区防疫主战场

2020 年春，突如其来的疫情打破了我们原有的平安和谐，破坏了原本该有的春节喜庆，老年人行动不便缺乏照顾怎么办？来穗人员被歧视怎么办？青少年在家待不住怎么办？吸毒人员缺乏关爱被边缘化怎么办？口罩买不到怎么办？外出有风险怎么办……

社区是联防联控、群防群控的主战场，是阻断疫情扩散蔓延的最有效防线。抗疫阻击战中，广州市大德社会工作服务中心（以下简称大德）在各级党委领导和政府部署下，成立机构疫情领导工作小组，快速反应全面行动，统筹各项目 150 多名社工深入社区，发挥社会工作专业优势，为困难群众、来穗人员、吸毒人员、一线医护人员子女等，提供心理疏导、情绪支持、保障支持等全方位服务，勇当、甘当、会当社区疫情防控"宣传员""辅导员""排查员""教学员""值班员""送货员"，竭尽全力满足社区所需，以下沉服务坚守社工的初心价值。

## 一、聚焦兜底群体，为社区困境家庭或个人提供防疫保障

2020 年 2 月 4 日大德 Z 村社工站发现一户老残困难家庭，老人带着 46 岁患有精神一级残疾的女儿共同生活，家中无口罩，想请亲戚帮忙采购遭拒。非常时期，社工将情况反馈给街道办，得到街党工委的重视和支持，Z 街社工站与社会事务办、村委三方联动，提供防疫教育和持续跟踪服务，村干部当天提供防疫物资及时解决困难对象的防疫保障问题。

探需求，解困境，类似的服务每天都在大德社工的一线服务中呈现。自 1 月 27 日参与"广州社工红棉守护热线"以来，大德社工 18 条热线 24 小时值班，主动电访孤寡独居长者、五保户、低保户、低收入家庭、残障家庭、精康家庭、社区戒毒人员等。截至 2020 年 3 月 9 日，共服务约 1.5 万人次，其中困境群体总服务约 5 100 人次，社区戒毒人士约 1 500 人次，社区精神障碍患者家庭 63 户，为广大社区居民提供新型冠状病毒肺炎的防疫知识咨询、应急咨询和救助服务咨询等，广泛链接资源，协助广大社区居民做好家庭防范、应急工作。

## 二、隔离病毒不隔离爱，暖心服务队用行动关爱隔离人员

随着疫情加剧，各地实施限制措施，来穗人员尤其是湖北籍人员成为防疫工作的焦点。大德 YN 社工站成立暖心服务队，对街道近 100 个集中隔离来穗人员开展服务，社工以隔离点房间为单位建立 50 多个微信群，线上及时回应咨询，开展心理疏导和情绪支持，线下协助政府及时补充物资，让隔离人员安心、暖心。

GW 街湖北籍返穗居家隔离人员出现日常出行、物资采购、心理焦虑等多重困扰。大德社工充分发挥来穗人员党支部的战斗堡垒作用，协同街道来穗人员服务中心，成立党员突击队，11 名党员参与，发挥政社联动优势，深入一线开展防控工作，元宵节前逐一探访湖北籍返穗居家隔离人员。通过线上募捐、微心愿认捐等方式，为来穗人员提供防护物资、生活物资，并开展心理辅导等。

## 三、抗疫不停歇，禁毒不打烊

在疫情防控期间，大德社工做好戒毒人员出所无缝衔接，做到无差别的关爱，给予吸毒人员专业全面的支援，协助多名戒毒人员出所，协助其签订社区康复协议，了解协议内容及注意事项，关心其出所的心理动态及出所后的打算。此外，大德禁毒社工还向戒毒人员讲解当前新型冠状病毒肺炎的情况及疫情期间的防护技巧，提高其防疫意识和自我防护能力，尽快适应出所后的生活。为了做好非常时期抗疫抗毒服务，3 个大德禁毒项目站点大年初一就配合街道政府开展服务了。

## 四、少儿艺术云课堂，让医护人员安心抗疫

疫情以来，广东省中医院派出近百名医护人员随广东医护大部队驰援湖北，为解决广大医护人员的后顾之忧，大德社工积极联动大学城高校志愿者，发挥其专业特长，为广东省中医院大学城医院抗疫医护人员子女开办艺术爱心课程，利用云课堂辅导和陪伴医护人员子女，让白衣天使安心抗疫。其间，GW 街来穗中心联合大德 GW 街来穗人员之家、GW 街党支部慰问了 GW 街奋战在抗疫一线的医护人员，为他们送去党和政府的关怀。

## 五、党群社联动，集溪成流支持抗疫行动

针对困难群体和病人物资短缺、经济困难等情况，大德社工充分发挥党员先锋模范作用，充分发动居民募捐支持抗疫行动，以广益联募为平台，积极响应各级慈善组织发出的慈善募捐援助武汉行动，截至 2020 年 3 月 9 日，共发动线上 112 人次募捐，共募集了 5 785 元。另外大德积极响应"善暖社区——广州'慈善＋社工'战疫资助计划"，大德 4 个社工站共计获得资助 20 000 元，一次性口罩约 2 350 个，通过线下党员及居民募捐，获得棉被 19 条、生活及防护物资一批等，资金及物资折合约 37 000 元，全部用于抗疫服务。

## 六、抗疫文化建设　传播抗疫正能量

延期开学复工，加上疫情期间限制外出，给广大青少年和家庭带来了心理困扰，甚至影响家庭关系。大德社工敏锐地发现了这类问题，充分发挥社工站和专项项目的平台优势，在广州市 340 个村居和大学城发起"聚正能量，抗疫加油"——大德社工防疫正能量文化活动，包括"画掉疫情""抗疫口号""能量视频"等，用组织、评选、展示等方式传递正能量，开展抗疫文化建设。

### 点评：

本案例是防疫抗疫期间社会工作介入与提供专业服务的成功案例，成功之处主要在于：①能够根据形势发展变化与社会需要，及时调整服务策略与服务对象、服务内容，聚焦与适应防疫抗疫的现实需要，表现了社工的适应性与融入能力。②能够关注特殊时期的重点服务人群，如兜底群体、困境家庭、医护人员子女、戒毒人员等，服务对象明确，服务方式灵活，服务内容多样，展现出专业社会工作者的细致、全面与精心。③在服务中，注意发挥组织联动功能，加强资源整合能力，为防疫抗疫提供必要的资源支持；注意心理保健与文化建设，体现出社工服务的开放性与多元化。

（华南农业大学公共管理学院　王建平）

# 抗疫报道集锦

# 守护祖国花朵　大德社工"疫"线出新招

《光明日报》2020 年 5 月 8 日讯　9 岁的明仔玩抖音被骗六千元，社工了解到具体情况后，联系平台协助明仔家庭追回了百分之八十的资金，并协调了因此次事件造成的家庭冲突，为明仔及其家长提供了心理疏导，加强了网络防骗知识宣传，以提高青少年的防骗意识。这是日前发生在广州市增城区中新镇的一幕。

今年以来，为配合防疫抗疫要求，广州市各级各类学校积极响应国家政策，延期开学，组织学生在家以上网课的形式开展学习。漫长的假期生活，每天在家里对着电脑、手机学习，活动减少、活动范围受限，疫情蔓延的威胁造成的恐慌心理……这一系列的客观现状给学生的心理及社交方面都带来一定的困惑。"在特殊时期，我们能为青少年做点什么呢？"广州市大德社会工作服务中心中新镇社工服务站创新服务，以"线上日记平台 + 专业服务精准回应需求"方式，为青少年释疑解惑解心结，助力健康成长。

在"停课不停学"的背景下，大德中新社工联合中新镇两所中学打造了线上"丰盛日记"平台，青少年可以在线上"吐槽""发泄""记录"自己的疫期生活。在平台上只有社工及青少年本人可以查阅日记内容，以确保私密性，让青少年拥有安全感，愿意在平台上记录自己的心情。社工在后台每天实时跟进，随时了解青少年心理状况，对有特殊记录的青少年会深度跟进，为他们提供心理辅导支持或个案服务。目前收到日记超过 300 篇，梳理出青少年三类显著需求，比如"在家被家长嫌弃""上网课不适应""缺少减压渠道"的减压需求；"无人交流""超级无聊"的社交需求；"长胖""变丑"的自身形象管理需求等。

针对青少年需求，大德中新社工开展"轻松一夏——减压小组""春暖花开友你友我——人际交往小组""我有我的 yang——自我形象管理小组"等系列专业服务。活动结束后，张同学很开心：原来那么多人和我一样想要学习人际交往技巧，有幸能够成为小组成员，我感觉我的社交恐惧症治愈了。在点赞投票环节中也有服务对象告诉社工：看着其他小伙伴给家人做了各种各样的事情，感觉很暖心，反观自己做得不够好，以后也要学着给家人做做饭、帮帮忙。

　　一线社工及社工站服务主任和督导随时保持线上或线下的沟通，及时解决个案中遇到的疑惑和困难，以求保证并提高服务质量。至此，为有需要的青少年提供了至少 20 人次的心理辅导支持，为 3 名青少年提供了专业的个案辅导服务，上述抖音被骗案例就来自其中。

# 广州增城："微心愿"文明实践遍地花开

《光明日报》2020年5月15日讯　"谢谢社工姐姐，我终于可以用电视上网课了！"今年正在上初二的招仔，因患精神病的母亲多年前离家出走至今未归，与生病不能外出工作的父亲相依为命。疫情期间，招仔靠借用父亲的手机蹭邻居家的WIFI上网课，一天下来，上课很累，效果也不好。招仔非常希望能有一台电视机让自己方便上网课。日前，在广州市增城区朱村街社工服务站的帮助下，招仔终于圆梦"微心愿"。

像招仔一样，每一个"微心愿"的背后，都有一个需要社会关爱的困境群众。为体现党和政府对困境群众的关注、关爱，广州市大德社会工作服务中心增城区朱村家综党支部连同朱村街社工服务站融合新时代文明实践活动，近两年来持续开展了圆梦"微心愿"及志愿服务系列行动，整合多方资源满足困境群众需求。截至今年4月，共收集了207户困难家庭的微心愿，已实现了59个微心愿，并组织志愿服务团队为社区困境对象提供了1 427人次服务。

记者了解到，朱村街党工委第一党支部、第二党支部、第三党支部、第四党支部和朱村社区党总支、朱村街社工服务站在今年4月初及去年分四次开展了党员为困境群体送微心愿物资活动，共65人次参与，共派送心愿物资66份，有电视、棉被、电饭煲等。

来自横塱村的党员志愿者刘建能、魏海茵和朱村社区的志愿者温碧新组成义剪志愿服务队，疫情期间分别为朱村社区临迁点的13位困境长者、朱村五保点和丹邱村五保点的15位长者提供了免费理发服务。由广州松田职业学院30名大学生组成的义教志愿服务队，每逢周一至周四下午5：30联动社工开展"关爱530"行动，通过学习疑难协助，乐享电影、歌舞、手工教授等服务，为朱村社区和朱村25名留守儿童开展关爱服务，共服务828人次。

此外，针对一些特殊需求，比如孤寡独居长者家庭的居家安全改造需求等，社工整合多方资源，搭建社区支援服务平台，组建多个志愿服务队开展帮扶服务。红色居家安全改造志愿队就是其中一支以回社区报到的党员为主的志愿服务队伍，由广州南方电力集团电器有限公司的11名员工组成。该志愿服务队为5个村的6户困境长者进行了居家安全电线改造。横塱村85岁的高龄独居长者刘婆婆家房子老旧，电线裸露杂乱，没有固定开关插座，仅用插排悬挂墙面，最后7名党员用了一整天时间完成了改造。刘婆婆开心地说："感谢党，感谢政府，感谢你们这些好心人！以后我再也不用担心电饭煲跳闸煮不熟饭了。"

# 暴雨灾害　社工组建工作小组应急救援忙

《光明日报》2020年5月22日讯　5月21日晚，广州特大暴雨，增城、黄埔两区受灾尤其严重，部分地区道路水浸、车库被淹，地铁13号线停运。广州市大德社会工作服务中心党支部紧急组建工作小组，指挥部署各项目启动一级应急响应，由支部书记、总干事带头，由副总干事、项目主任和副主任组成应急社工小组，紧密联系政府相关部门，协助政府全面开展应急救援服务，仅增城区，社工走访村居65个、开展电话访问1 003人次、探访受灾群众236户、协助转移受灾群众15人，开放13个应急庇护服务场所。

记者了解到，各项目点在数十个微信群开展暴雨灾害天气防护措施宣传，提高村（居）民应对暴雨天气的警觉性；同时发布求助热线，呼吁广大村（居）民帮助周边困难群众拨打求助热线。各项目点也成为应急庇护所和救灾物资发放点，配合政府派发赈灾物资。中新养老平台一楼设有长者饭堂、长者休息室、长者康娱室以及厨房，开放为应急庇护所并安排社工夜间电话值班以及周末轮值。借助项目微信平台，热心居民将出行交通情况、淹水路况信息、办事指南等发布到各个群，仅永宁社工站就收集到有效信息近50条，帮助周边群众迅速获知路况信息、交通信息和办事信息等，预防了出行安全事故的发生。

此外，社工组建若干线上电访小组，电访关怀服务对象，提醒服务对象做好相关安全措施，尽量减少或避免外出等。增城中北片禁毒项目截至22日下午三点已电访420人次，中新社工站实施电访村居全覆盖，石滩社工站、朱村社工站电访发现部分家庭出现水浸情况，社工及时入户提供支援服务和后续跟进服务。社工同时联动志愿者、助老员探访孤寡独居长者及困境群体，进行房屋、家居用电等安全排查，协助住所清洁和维护。永宁街居家养老综合服务平台第一时间动员8名助老员对辖区内63名特困及居家养老服务对象进行居家安全排查以及服务需求了解，确认服务对象处于安全状态。朱村街居家养老服务平台全街13个村居亦已完成了12个村居的走访。

永宁社工站2017年就成立了灾害志愿服务队，近年来面向村（居）民重点开展减灾防灾知识宣导和灾害事件应急介入服务，不断提升减灾救灾服务能力。此次暴雨灾害后，永宁一小水深达1.5米，18个课室遍布垃圾和泥水，复课时间近在眼前，永宁社工站紧急招募志愿者，由学校、社工、家长志愿者共同组成清洁队对学校开展全面清洁工作，截至22日下午学校场室基本恢复干净。

# 党员社工：社区抗疫中的"硬核"力量

《人民日报》2020 年 6 月 24 日讯　在广州市增城区，身兼朱村街社工站党支部书记及社工站主任的苏金亿，是一名从事社工服务近 11 年的党员社工。疫情初期，她主动放弃假期从外地回到工作岗位，参与"广州社工红棉守护行动"，成为第一批红棉热线"接线员"，投身线上战"疫"。

截至目前，苏金亿带领社工站电访服务 4 000 多人次，筹集物资近 4 万元，协同政府满足 531 户家庭需求，为 1 691 人提供了防疫基本保障。同时，整合党员、爱心人士资源，协助网络开通，至今链接 4 台电脑、5 条宽带，助力有需要的青少年网课不掉线。为保障来穗人员子女不因疫情耽误入学申请，社工开展"积分入学入户"直播宣讲活动，共服务 1 200 人次，微信群政策咨询服务超过 1 万条，协助来穗人员顺利提交积分申请 260 人次。

在增城区民政局党组、各镇街党委及社工机构党组织的指导和领导下，全区 14 个社工站一批批像苏金亿这样的党员社工，活跃在社区防疫抗疫和基层服务一线，和广大社区工作者并肩作战。他们像一面面鲜红的旗帜，凝聚成一股强大的正能量，温暖着每一个居民的心。

## 老党员社工圆梦七旬长者

中新镇社工站主任廖晰是一名从事社区及社工服务近 22 年的老党员社工，他带领社工站全体社工积极投身于疫情防控服务中去，通过红棉热线开展"一日一问候"暖心关爱服务，至今服务了 6 923 人次。

疫情初期，面对值守人员严重不足的情况，统筹社工站在网上发布招募社区值守党志愿者公告，共招募了 62 名党员志愿者，以"社工＋党员志愿者"模式持续 71 天参与社区防控监测点服务，协助村居开展防疫工作宣传和值守工作；统筹社工站制作发布防疫抗疫宣传推文 68 篇，开展"艺起战疫——居家'画'安全"线上文化活动，收集了来自社区青少年的 43 幅原创作品，吸引了 1 272 人次参与最佳作品投票，加强了青少年对防疫抗疫的正确认识，增添了居民生活乐趣；带领社工站积极链接资源，筹集到用以购买防疫物资的现金以及防疫爱心礼包，联动志愿者派送给 523 户困境家庭。团结村近 70 岁的张阿公特别喜欢听客家山歌，疫情期间困在家中感到无聊，希望有一台收音机解闷，廖晰在探访中得知这个消息，自掏腰包为张阿公圆了心愿。

### 抗疫助农总关情

在疫情防控阶段，情绪稳定是第一"药物"。石滩镇社工站党支部书记兼社工站主任苏秀清带领社工开通红棉热线，提供 24 小时在线服务，为村（居）民排忧解难、疏导情绪、解决需求。同时，开展防疫抗疫线上宣传服务，稳定居民情绪。截至目前，苏秀清带领团队主动探访困难群众 802 户，为 305 位老人送去防疫物资，抗疫服务约 3 万人次，链接物资价值约达 2 万元。

疫情期间，大多数农民因受到信息、交通等多方面制约，面临辛苦耕种的劳动成果堆在家里卖不出去的困境，为了帮助农民将农产品打开销路，苏秀清带领党支部、社工站组织社工开展战"疫"助农活动，配合石滩镇副镇长姚银敬农产品直播带货，社工通过分组扫街、下村宣传等形式，向行人及商铺推介农产品，助力缓解石厦村农产品产销对接困难。正在收看直播的张叔表示对网上下单不太了解，社工向张叔耐心讲解支付流程直至张叔完全知晓。

### 抗疫并抗洪

新塘镇社工站副主任周雪仪是一名从事社工服务 7 年的党员社工，在红棉热线前期开展每周一电访工作，后期配合每月一电访，以动态掌握困境群体在疫情期间的需求，带领社工积极协助镇街开展疫情排查工作，并链接到社会组织及爱心企业的防疫物资及救援资金，带领社工站为困境群众送去口罩、消毒水等防疫用品，并为社区一线工作者送上防疫中草药包。

周雪仪一直惦记着因疫情需要在家上网课的困境少年儿童，通过链接上网课设备和志愿者课业辅导资源助力 9 户困境儿童上网课，以陪伴他们顺利地度过这个特殊的学习时期。

在疫情防控阶段，新塘镇遇上特大暴雨，辖区部分村落居民处于人身安危之中。周雪仪带领社工开展社区洪灾支援工作，积极配合街镇迅速成立电访排查工作小组和社区走访工作小组，重点关注兜底弱势人群，与村居等职能部门一起支援灾后安全隐患排查修复工作。通过红棉热线提供 24 小时在线服务，为群众排忧解难、疏导情绪、解决需求。

在第二次特大暴雨预警信号来临之际，周雪仪制作暴雨洪灾预防宣传手册，与社工一起到村居派发，并将走访中发现的有房屋倒塌危险的困境居民转移至其所在村居庇护所，并开放社工站为因洪灾而陷于生活困境的居民提供暖心救助服务，以缓解他们因疫情和洪灾产生的双重压力和恐慌。

### 化身救急快递员

疫情期间，宁西街社工站社工通过电访了解到辖区居民对于防疫知识认知较弱，缺乏防疫物资，社工站党员社工带头，为辖区居民送温暖，截至 2020 年 3 月 31 日为 76 户家庭送去了 760 个口罩及 10 瓶医用酒精。

党员社工在电访困境青少年过程中，发现肢体残疾一级的小梁急需援助。小梁父亲在电话中着急万分：现在疫情严重，家人都不敢外出，小梁因为身体不适已经在医院住院三天了，口罩用了五天都没有更换也买不到，现在一家人都感到焦虑，担心小梁在住院期间感染新冠病毒。党员罗社工得知消息，第一时间告知梁叔网上预约口罩的方法和途径，传授其具体的操作步骤，缓解梁叔一家的焦虑情绪，并化身"快递员"，将口罩送到医院病房小梁手上，梁叔格外惊喜，不断地说："买到口罩后一定会还给你们，真的是太感谢了！"

# 独居特困长者突发不适，社工
# 联手助老员将其平安送院

《广州社工》2020 年 6 月 17 日讯　在中新镇有一支 40 人的助老员队伍，他们在社工的统筹安排下，为辖区内各个村居共三百多位失能长者提供助洁服务、洗涤服务、代办服务、个人护理等居家上门照料服务。耐心细致的居家上门服务不仅获得了服务对象的肯定，更使助老员与这些服务对象建立了彼此间的信任感。当他们遇到突发情况时，第一时间想到的便是向助老员和社工求助。

赵伯是一名 76 岁高龄的独居特困长者，曾经担任过村干部，性格开朗健谈，日常还圈养一些牲畜，他总说，在身体允许的范围内，能够做点什么就做点什么吧。6 月 9 日，负责赵伯居家上门生活照料的助老员 7 点多起床看见手机上有两个赵伯的未接来电，便急忙回拨过去，接通后传来赵伯微弱的声音："我身体不是很舒服，你能来看看我吗？"听到昨天还精神爽利的赵伯声音忽然变得微弱，助老员意识到赵伯的情况可能有些严重，立即向负责的社工报告。社工马上指引助老员佩戴好口罩，带上早餐前往赵伯家中查看情况。助老员去到赵伯家时，只见平常身强体健的赵伯虚弱地瘫坐在家中，没了往日的精气神。

赵伯告知助老员，他觉得身体很不舒服，呼吸不畅以及头晕呕吐，已经到卫生站看过医生了，医生给他开了药，但他现在仍然感到很不舒服。考虑到赵伯从卫生站看病回来还未服药，助老员协助赵伯先食用早餐再服药，赵伯吃了两口便吃不下吐了出来，助老员见状马上给赵伯倒了热水并扶着赵伯到房内休息。安顿好赵伯后，助老员为其清理了呕吐物，并清洁家居卫生和消毒，一直在赵伯家中照看至 11 点，反复确认赵伯感觉身体好些了才离开。

然而，助老员中午再次接到赵伯的电话："我头更晕了，能带我去医院吗？"助老员随即联系了社工以及赵伯家属，由社工与政府和村委进行联系，报备赵伯情况以及下一步工作计划。随后，助老员为赵伯戴好口罩，驾车与家属一同将赵伯送到医院。

到了医院后，赵伯马上被送进了医院抢救室进行抢救。原来赵伯的高血压和冠心病已经很严重了，幸亏送院及时，经过医生的抢救赵伯的状况逐渐稳定了下来。社工又和助老员一起为赵伯办理住院手续，并陪同其进行一系列的检查。这时，对赵伯颇为熟悉的助老员忽然想起赵伯曾做过心脏搭桥手术，需要每天吃药，但匆忙间没有把药带出来，导致当天的药还没吃，又立刻赶往赵伯家中为其取药。助老员的奔劳赵伯都看在眼里，他虚弱地握着助老员的手说："谢谢你陪了我一整天。"这句话让助老员一天的奔波劳碌烟消云散，助老员表示："这不仅是一份工作，更是肩上的责任，有需要我就出现。"

随着年龄的增长，长者的日常生活照料逐渐吃力，失能特困长者的照料难题更为突出。中新镇居家养老综合服务中心经得上级部门同意，从 2020 年 6 月起正式为辖内特困长者提供上门生活照料服务。为了更好地服务这群特殊对象，社工还专门组织开展了特困人员照料助老员会议，和助老员们讲解特困人员上门生活照料服务和过往居家上门生活照料服务的区别。如今，这个特困人员照料助老员团队已有 17 名成员，在社工的带领下，他们已成为特困长者兜底服务网中的重要部分。

# 献礼建党 99 周年
# 广州社工践行传承红色文化

《人民日报》2020 年 6 月 24 日讯　　日前，在广州市增城区石滩镇革命老区的献礼建党 99 周年红色文化传承活动中，曾经的抗日"小鬼队"队员、现已 89 岁的革命老人张成带领青少年走进增南地下交通线，穿越回那个血雨腥风的战争年代。

今年 6 月以来，增城区石滩社工站开展系列青少年红色文化传承云服务，献礼建党 99 周年，以上的一幕只是系列活动中的一个剪影。"今天晚上第一次体验线上红色文化活动，让我觉得现在的生活来之不易，我给革命老兵爷爷点个赞"，一位来自石滩中学的学生在朋友圈这样写道。

石滩革命老区，红色资源非常丰富，处处都有英雄足迹。其中，有萧乃昌、萧志权、萧立民、萧祖潮等变卖家产支持革命的举动，有单萧洁、宋江、周应芬、李南、陆仲平、阮海天等攻打石滩墟的日伪军警察所和联防队事件，以及"金兰寺事件""独立阻击战"等革命事件。

抗战时期，为了适应革命斗争日益发展的需要，石滩地下党支部分别在塘头村、子洋村等地设立了地下交通站点，逐步开设形成了增南地下交通线。塘头村地下交通线最主要的一个站点是石滩墟石滩义昌杂货店联络点，其是塘头村地下党组织与当年的广九（广深）铁路石滩火车站、子洋交通站、石沥窖火车站的秘密交通联络点。张成老爷爷生动讲述：这条交通线护送了很多游击队领导同志，1946 年还护送了一批香港文化界人士和进步知识分子，比如何香凝、周滔奋、廖沫莎等。

张成是石滩岗尾村人，少年时是岗尾村"小鬼队"队员，亲历过增南地下交通线革命斗争，历任原东江纵队、原增南地下交通线、原粤赣湘边总队领导警卫员，在原东江军分区独立 8 团任过排长；之后历经解放惠州战役、解放海南岛战役、龙门铁岗剿匪战斗，中华人民共和国成立后又成为第一批跨过鸭绿江参加抗美援朝的志愿军。过去只是从书本和影视中看到的战争故事，如今听身边的当事者老爷爷亲口讲述，孩子们的激动和震撼前所未有。

为增强石滩镇青少年对红色文化的了解和认同，提升他们对石滩镇的归属感，除请革命老人云讲述之外，社工还通过"语音＋图文"方式，分享了石滩革命老区塘头村地下交通站点的抗战故事，带领大家穿越到抗战时期，切实感悟抗战英雄事迹。如塘头村的萧乃昌辞去省财政厅厅长之职回乡创办学校，以办学为名支援地下党组织进行抗日救亡斗争工作；单萧洁利用父亲的石滩义昌杂货店作为我党塘头村地下交通线的联络点，收集和传递军事情报，联系和接送我党过往的领导、游击队队员、文化界人士以及进步知识青年。

孩子们从一个个爷爷辈的英雄事迹中感悟那一段光辉岁月，感受家乡蕴藏的丰厚的红色基因。

根据石滩社工站红色文化传承活动的安排，一是通过"云游红色村居，追思峥嵘岁月"线上活动，带孩子们"云游"革命老区，追寻红色足迹，重拾红色记忆；二是发动"传承红色文化，追忆革命岁月"红色电影配音活动，引导青少年运用手机软件，挑选经典红色电影进行配音，并通过网络投票评审出十佳配音作品，以此加深青少年的爱国主义情怀；三是通过"触摸石滩红色历史，感知红色文化"网上知识竞赛，在社工站推文中设置红色阅览区和问答有奖区，以此吸引青少年和石滩村居民更加关注和了解石滩红色文化，回溯家乡光辉历史。

此外，社工还穿插"你画我猜"破冰游戏，让孩子们互动起来，而游戏素材是特有的红色文化元素，包括人民英雄纪念碑、军靴、红军帽以及石滩革命老区的民兵营、炮楼、宾赐书室、祠堂和古井等，引导孩子们体验鲜活的红色文化之旅；通过"红色文化我传承"集赞打卡任务环节，让青少年在微信朋友圈分享自己对系列活动的感受，数十位大中学生积极参与，微信朋友圈辐射上千名石滩村居民，加深了大家对石滩红色文化的了解。

# 坚守抗疫　让长者居家身心皆安

《光明日报》2020 年 4 月 21 日讯　"你哋帮我执屋执咗成朝，执咗咁多嘢，呢啲钱你哋攞去买水买饭食啦。"日前，广州市番禺区小谷围街 90 多岁的孤寡老人关婆婆看到社工为了帮自己清理居所，从早上九点半忙到下午一点多还没吃午饭，多次把卖废品的钱塞到社工姑娘手中让她们买饭吃，表示自己的感激之情。

疫情防控以来，由于社区废品收购站暂停了回收工作，平时爱捡废品的关婆婆家中堆积了越来越多的物品，时值春天回南季，家中的蟑螂、老鼠随处可见，异味明显，安全隐患也越来越大，邻居与小谷围街居家养老综合服务平台护理员多次劝导，关婆婆依然不愿清走废品。

了解情况后，广州市大德社会工作服务中心小谷围街居家养老综合服务平台社工一方面每个星期入户陪伴关婆婆，陪她说说话，为她测量体温、血压，了解她的用药情况，提醒相关的注意事项，并劝说老人家整理房子和清空堆积物；另一方面请护理员加强了解关婆婆的居家安全和生活情况并及时反馈，以随时掌握老人情况。

不强迫并且足够尊重长者意愿的沟通原则，让社工与关婆婆的沟通越来越顺畅。经过多次沟通，关婆婆终于同意让社工帮忙整理家里的堆积物。于是，社工、护理员、邻里、废品收购站联合行动，清空了关婆婆家里的所有废弃物，清理了房间，并且重新配置了一张床，初步解决了老人的安全隐患和居住环境问题。

自今年 1 月 23 日广州市一级防疫战启动以来，小谷围街居家养老综合服务平台在街道办及大德社工总部的带领下，安排全体社工执行电话/微信线上值班制度，重点做好疫情最"易感"人群的关爱服务，开展社区长者健康关注和防疫知识宣传，共开展电访近 1 200 人次，提供情感慰藉、心理疏导、慢病用药了解、居家安全温馨提醒等服务，配合政府为疫情期社区长者的安全、生活提供保障。

因疫情期间不能外出、不能开展社区义诊服务，社工在电访时了解到很多老人没有测量血压，不清楚自己的身体状况。3 月份疫情等级下降后，平台开始组织全体社工持续走访社区，入户开展长者安全隐患排查，为长者开展测血压、测血糖、量体温等基础监测服务和情绪疏导服务，其间还安排 2 名血压持续居高不下的长者及时到医院就医。

　　同时，社工入户为多名平安通长者开展了指导使用及维修跟进服务，确保平安通长者在疫情期间能够保持联络的畅通。了解到有 8 位长者有申请平安通服务的需求后，社工及时与平安通服务单位对接沟通，协助长者申请。

# 广州社工"三个一"服务，
# 让外来务工人员暖心安心

《人民日报》2020年5月21日讯　"我们返回广州，有些不了解情况的邻居比较恐慌，幸亏社工们积极沟通，对返穗人员很关怀。"湖北籍来穗人员李先生说。

今年春节以来，面对突如其来的疫情，广州市大德社会工作服务中心小谷围街来穗人员服务社工快速响应，设计"一引领一热线一学堂"服务，发挥社会工作专业优势，为受疫情严重影响的外来务工人员，提供信息传递、心理疏导、情绪支持、危机干预、保障支持等全方位服务，协助基层政府联防联控，服务外来务工人员近万人次。

## "一引领"：来穗党支部以服务固根本

"隔离期间，收到党员和社工送的米、油'暖心包'，又帮忙协调挪车，很感动"，这是湖北籍林女士发的朋友圈。"疫情期间上门探访隔离人员，帮到他们，能感受到自己工作的意义"，朱社工说。

小谷围街来穗人员服务管理中心党支部（以下简称来穗支部）在防疫抗疫服务中推进支部建设，强化党建引领。

一是强化组织建设。来穗支部通过广泛动员、组织、凝聚党员力量，向来自30个企业的来穗党员发出倡议，组建了由20多名党员组成的疫情防控突击队、暖心服务队。疫情防控突击队深入一线参与防控工作，在防控知识宣传、维护稳定、体温测量、业务办理指引、人员疏导等方面联防联控。暖心服务队自愿认领来穗人员"微心愿"、自愿捐赠4 700多元，为大学城湖北籍返穗居家隔离人员购买生活物资，包装成"防疫暖心包"，并上门探望居家隔离留观人员，帮助大家消除恐慌心理，共服务来穗人员544人次。

二是搭建援助平台。来穗支部联动深圳华大基因广州分公司党支部为来穗困境妇女提供宫颈癌筛查服务；整合资源，为240名复学的来穗儿童赠送免洗洗手液，为30名小学老师赠送口罩、消毒水等防疫物品；为260个来穗家庭派发《居家疫情防控要点》宣传单，加强疫情防控宣传，引导来穗家庭参与防疫抗疫卫生活动。

来自茂名的单亲妈妈柯姐在小谷围街做保安，女儿小英很想有台电脑学习，当社工把电脑送到柯姐家时，小英脸上绽放出灿烂的笑容："线上作业我再也不用去网吧或者同学家借用电脑啦。"

近一年来，来穗支部联合广州海之光科技股份有限公司党支部开展关爱来穗行动，已帮助89名来穗人员实现了微心愿，包括电脑、学习用品、米油生活用品等。

## "一热线"：来穗关爱守护热线暖人心

从今年2月初开始，社工开设关爱守护热线，24小时为辖区来穗人员提供服务。重点关注困境来穗家庭，为他们提供防疫信息传递、防疫知识咨询、疫情防控咨询、情绪宣泄疏导、心理减压辅导等服务，电访服务3 600人次，个案服务7例，危机干预2例。

2月底，小谷围街道工作人员通过热线联系社工，说一位河南籍来穗人员因丈夫意外去世，本人在来穗过程中经过湖北需在指定酒店隔离，双重打击情绪低落，对隔离排斥大，需社工紧急介入。

"王女士刚开始很排斥工作人员，难以接受自己遭遇了这么大痛苦，还要隔离。我就通过微信、电访形式表达对王女士的同情及关注，王女士慢慢地打开了心扉，向我倾诉丈夫突然离世对其造成了沉重打击，自己隔离家中70岁的婆婆和7岁的儿子无人照顾，各方面压力齐袭，感觉一片黑暗。"负责这件案子的李社工了解情况后，马上向街道工作人员反馈，与街道协同联系王女士老家的村委照顾老小，与殡仪馆沟通解决其丈夫骨灰的存放问题，向律师咨询其丈夫去世的赔付疑问，并协调街道工作人员为其购买返程车票。王女士解除隔离后直接去殡仪馆取回丈夫骨灰，社工又细心准备好防护用品、食品送她上车回家。

## "一学堂"：云学堂系列服务解困纾忧

"我们是湖北籍外来人员，回来后找工作困难，希望能参与技能培训。""我们孩子在家，疫情期间不方便外出活动就天天守着电视，希望有一些服务能给到我们小孩。"……社工在走访、电访过程中了解到，以上是来穗人员及家庭最主要的两大需求，于是针对性设计系列云课堂，联动多方资源，线上开展纾困服务。

一方面，社工联合志愿者形成合力，为来穗人员家庭、子女及医护人员子女提供"云"服务。"来穗政策大讲堂"开展 3 场积分直播课及线上咨询服务，共服务 1 182 人次。"停课不停学"云课堂链接华南艺术学院研究生学院志愿者为医护人员子女提供为期 2 个月的艺术公益云课堂，内容包括舞蹈赏析、音乐赏析、器乐演奏、器乐陪练、声乐教学、入门乐理等；链接广州医科大学、广东外语外贸大学等 110 名高校志愿者为来穗子女提供为期 32 天的课业类课程辅导。"疫情防护，服务'不打烊'"系列线上文化服务有效促进了亲子间的沟通，提升了亲子亲密度。线上父母课堂分享疫情期间与孩子沟通的技巧，深受家长欢迎。

另一方面，针对疫情期间小谷围街十所大学数十万大学生居家上网课，餐饮行业严重受挫，很多来穗人员失业在家这一情况，社工联合广东省养老服务业协会开展养老护理员培训，培训完成取得结业证书后直接获得从事相关行业资格；联合广州市番禺区化妆师协会开展来穗妇女美妆技能培训，培训完成后可推荐就业。个体创业认知讲座让来穗人员进一步了解了疫情大形势，给来穗人员创业就业提供了新思路。社工接下来将继续开展家政服务培训、电商技能培训等系列培训，全面助力来穗人员复工。

# 后 记

在广东工业大学专业能力提升项目团队的专业指导下，在广州市大德社会工作服务中心全体社工的共同努力下，《农村社会工作服务范式——一线案例及点评》终于和大家见面了。本书所收集的服务案例，均取自大德社工多年来的一线服务实践经验的积累反思。28 篇案例，展示了社工的日常反思，蕴含了社工深厚的社区情怀，承载了社工难忘的工作历程。尽管笔触还不够深入，反思还不够深刻，社会工作的理论水平还有待提高，但面对社会，年轻的社工团队可以无愧地说，在乡村治理、社区治理创新的时代要求中，在社工努力实现一线服务和理论成果多重提升的征途中，我们做了应该做的事。

这本案例集的编撰让我们发现，在实践中不断思考已成为社工工作的一种自觉，这种自觉源自爱，源自职业操守，源自对社工社会价值的认同，这种人生境界的提升也让我们在一路前行中收获一路花香。在此感谢张晓冰、车海波、胡庆亮、徐朝科等老师，以及陈健涛、陈慧燕、谢春华、苏金亿、蓝花、李惠平、黄燕妃、张婷婷、孔令燕、吴小娟等社工对这本案例集所做的付出。

在本书付梓之际，要特别感谢一直关心、爱护并给予大德发展大力支持的广州市民政局、增城区民政局、增城区信访局、增城区禁毒办、增城区来穗局、天河区民政局、番禺区民政局、从化区民政局等政府单位，以及广州市社会组织联合会、广州市社会工作协会等行业枢纽组织，还有各合作镇街单位及所有项目合作方；感谢广东工业大学的专业指导，感谢易刚、童远忠、李玉仪、王高喜、王建平、陈美招几位督导在百忙之中阅读全部案例并给予恳切的点评。

广州市大德社会工作服务中心

2020 年 6 月